Die nicht auf den Parteiwillen gegründete Zurechnung fremden Verschuldens

nach dem bürgerlichen Gesetzbuch.

Eine privatrechtliche Studie.

Von Karl Fischer,

Doktor des Rechts und der Staatswissenschaften.

München 1904.

J. Schweitzer Verlag (Arthur Sellier).

Literaturverzeichnis.

Abhandlungen, die nur ein einziges Mal angezogen werden, sind an der betreffenden Stelle zitiert.

Abicht = Wilhelm Abicht, Haftung des Uebernehmers bei einer Werkverdingung für die Handlungen seiner Gewerbegehilfen. Diss. Gött 1891.

Asmis = Rudolf Asmis, Die Haftung des Schuldners für die Personen, deren er sich zur Erfüllung seiner Verbindlichkeiten bedient, nach dem gemeinen Recht und dem BGB. Diss. Greifsw. 1900.

Bendix = B. Bendix, Das deutsche Privatrecht auf Grund des deutschen BGB. 1898.

Bieder = Adolf Bieder, Die Haftung für fremde unerlaubte Handlungen nach dem Schweizerischen Obligationenrecht. Zeitschrift f. Schweizerisches Recht Bd. 27 (N. F. Bd. 5) S. 327—374.

Binding = Karl Binding, Die Normen und ihre Uebertretung. 2. Aufl. Bd. I: Normen und Strafgesetz. 1890.

Blau = Bruno Blau, Verantwortlichkeit für fremdes Verschulden nach dem bürgerlichen Gesetzbuch. 1902.

Bolze = A. Bolze, Die Praxis des Reichsgerichtes in Civilsachen.

Borchert = Theodor Borchert, Die strafrechtliche Verantwortlichkeit für Handlungen Dritter, insbesondere die Teilnahme am Verbrechen und die mittelbare Täterschaft nach deutsch-preußischem Recht. 1888.

Brückner = Brückner, Die (privatrechtliche) Haftung für das rechtswidrige Verhalten Anderer, insbesondere der Vertreter und Gehilfen nach dem BGB. und nach sonstigen Reichsgesetzen. Recht 1901 S. 299 ff., 338 ff., 373 ff. Auch als Sonderausgabe erschienen.

Buchka = Gerhard von Buchka, Vergleichende Darstellung des BGB. und des gemeinen Rechts. 3. Aufl. 1899.

Burchardi = R. J. Burchardi, Ueber die Verantwortlichkeit des Schuldners für seine Gehülfen bei der Erfüllung von Obligationen. 1861.

Cohn = L. Cohn, Untersuchungen zu § 254 des BGB. Gruchots Beiträge Bd. 43 (N. F. Bd. 3) S. 96—133, 376—427.

Conradi = Albert Conradi, Die Haftung des Schuldners für Gehilfen und Substituten. Diss. Gött. 1896.

Cosack = Konrad Cosack, Lehrbuch des bürgerlichen Rechts auf der Grundlage des bürgerlichen Gesetzbuchs. 4. Aufl. Bd. I. 1903.

Crome = Karl Crome, System des deutschen bürgerlichen Rechts. Bd. II. 1902.

Dernburg I = Heinrich Dernburg, Die Schuldverhältnisse nach dem Rechte des deutschen Reiches und Preußens. 1. Abteilung: Allgemeine Lehren. 1. und 2. Aufl. 1899.

Dernburg II = Derselbe, 2. Abteilung: Einzelne Obligationen. 1. und 2. Aufl. 1901.

Dolinski = Alexander Dolinski, Haftung des Kontrahenten für seine Gehilfen bei der Abschließung von obligatorischen Verträgen nach österreichischem und gemeinem Recht. 1893.

Dreyer = Dreyer, Gutachten über die Frage: Wie weit hat der Arbeitgeber für das Verschulden seiner Arbeiter zu haften? Verhandlungen des 17. deutschen Juristentages 1884 Bd. I S. 46—124. Ausführungen in der Debatte Bd. II S. 114—119.

Endemann = F Endemann, Lehrbuch des bürgerlichen Rechts. 6. Aufl. Bd. I. 1899.

Enneccerus I = L. Enneccerus, Das bürgerliche Recht. 2. Aufl. Bd. I. 1901.

Enneccerus II = L. Enneccerus, Referat über die Frage: Inwieweit hat der Arbeitgeber für das Verschulden seiner Arbeiter zu haften? Verhandlungen des 17. deutschen Juristentages 1884 Bd. II S. 95—112. Ausführungen in der Debatte S. 135, 136.

Fels = Fels, Die außerkontraktliche Schadensersatzpflicht des Entwurfes eines BGB. Gruchots Beiträge Bd. 35 (N. F. Bd. 5) S. 1 ff

Fischer-Henle = Otto Fischer und Wilhelm von Henle, Bürgerliches Gesetzbuch, Handausgabe, in Verbindung mit Andern. 6 Aufl. 1904.

Goldschmidt = Goldschmidt, Ueber die Verantwortlichkeit des Schuldners für seine Gehülfen. Zeitschrift f. d. gesamte Handelsrecht. Bd. 16 S. 287—382.

Gysler = Emil Gysler, Haftung für fremde culpa nach Schweizerischem Obligationenrecht. Diss. Zürich 1892.

Hepp = Ferd. Carl Th. Hepp, Die Zurechnung auf dem Gebiete des Civilrechts, insbesondere die Lehre von den Unglücksfällen nach den Grundsätzen des römischen und deutschen Rechts und der neueren Legislationen. 1838.

Hoffmann = Richard Hoffmann, Die Haftung des Schuldners für seine Gehülfen nach § 278 BGB. Diss. Freib. 1902.

Isay = Hermann Isay, Die Geschäftsführung nach dem BGB. Fischers Abhandlungen zum Privatrecht und Civilprozeß des deutschen Reiches. Bd. 6, Heft 1. 1900.

Jacques = Jacques, Referat über die Frage: Wie weit hat der Arbeitgeber für das Verschulden seiner Arbeiter zu haften? Verhandlungen des 17. deutschen Juristentages 1884 Bd. II S. 80 - 95. Ausführungen in der Debatte S. 132 - 135.

Jung = Erich Jung, Delikt und Schadensverursachung, ein Beitrag zur Lehre vom außerkontraktlichen Schadensersatz, mit besonderer Berücksichtigung der Bestimmungen des BGB. 1897.

Kipp = Theodor Kipp, 8. Aufl. von Windscheids Lehrbuch des Pandektenrechts. Bd. II. 1900.

Kisch = Wilhelm Kisch, Die Wirkungen der nachträglich eintretenden Unmöglichkeit der Erfüllung bei gegenseitigen Verträgen nach dem BGB. Fischers Abhandlungen zum Privatrecht und Civilprozeß des deutschen Reiches. Bd. 7, Heft 2. 1900.

Klöppel = Klöppel, Rezension. Gruchots Beiträge Bd. 33 (N. F. Bd. 3) S. 474 ff.

Köster = Georg Köster, Die Haftung des Vaters aus Delikten der Kinder. Diss. Berl. 1888.

Kuhlenbeck = Ludwig Kuhlenbeck, Von den Pandekten zum BGB. Teil II. 1899.

Külz = Wilhelm Külz, Die Haftbarkeit des Lehrers bei Ausübung seines Berufes. 1901.

Laband = Paul Laband, Zum zweiten Buche des Entwurfes eines BGB. Archiv f. d. civ. Praxis Bd. 73 (N. F. Bd. 23) S. 161—208.

Leonhard = Rudolf Leonhard, Gutachten über die Frage: Wie weit hat der Arbeitgeber für das Verschulden seiner Leute zu haften? Verhandlungen des 17. deutschen Juristentages 1884 Bd. I S. 337—394. Ausführungen in der Debatte Bd. II S. 112, 113, S. 129, 130.

Leske = Franz Leske, Vergleichende Darstellung des BGB. und des Preußischen allgemeinen Landrechts. 1900.

Linckelmann = Karl Linckelmann, Die Schadensersatzpflicht aus unerlaubten Handlungen nach dem BGB. 1898.

Liszt = Franz von Liszt, Die Deliktsobligationen im System des BGB. 1898.

Mataja = Viktor Mataja, Das Recht des Schadensersatzes vom Standpunkte der Nationalökonomie. 1888.

Mathis = Emil Mathis, Besteht nach gemeinem Recht bei der Werkverdingung eine kontraktliche Haftpflicht des Werkmeisters für das Verschulden seiner Gehilfen? Diss. Erl. 1896.
Matthiaß = Bernhard Matthiaß, Lehrbuch des bürgerlichen Rechts. 3. Aufl. Bd. I. 1900.
Mayer = Otto Mayer, Gutachten über die Frage: Wie weit hat der Arbeitgeber für das Verschulden seiner Arbeiter zu haften? Verhandlungen des 17. deutschen Juristentages 1884 Bd. I S. 125—136. Ausführungen in der Debatte Bd. II S. 124—128.
Meinke = Walter Meinke, Haftet nach gemeinem Rechte der Werkmeister aus dem Vertrage für die Unvorsichtigkeit seines sonst tüchtigen und zuverlässigen Arbeiters? Diss. Greifsw. 1894.
Meisner = J. Meisner, Das Recht der Schuldverhältnisse. 1898.
Merkel I = Rudolf Merkel, Die Kollision rechtmäßiger Interessen und die Schadensersatzpflicht bei rechtmäßigen Handlungen, im Hinblick auf den Entwurf eines BGB. 1895.
Merkel II = Rudolf Merkel, Rezension. Zeitschrift f. d. gesamte Handelsrecht Bd. 47 (N. F. Bd. 32) S. 552—565.
Merkel III = A. Merkel, Juristische Encyklopädie. 1885.
Mittelstein = Max Mittelstein, Die Miete nach dem Rechte des deutschen Reiches. 1900.
Neumann = Hugo Neumann, Handausgabe des BGB. 2. Aufl. Bd. I. 1900.
Nöldeke = Nöldeke, Die außerkontraktliche Haftung für fremdes Verschulden nach §§ 831, 832 BGB. Gruchots Beiträge Bd. 41 (6. F. Bd. 1) S. 766—784.
Nußbaum = Artur Nußbaum, Haftung für Hülfspersonen nach § 278 BGB., in Vergleichung mit dem gemeinen und Landesrecht. Eberings rechts- und staatswissenschaftliche Studien. Heft 1. 1898. Der erste Teil erschien selbständig: Haftung für Hülfspersonen nach gemeinem und Landesrecht. Diss. Berl. 1898.
Oertmann I = Paul Oertmann, Das Recht der Schuldverhältnisse. 1899.
Oertmann II = Paul Oertmann, Das Recht des Schadensersatzes im deutschen BGB. Allg. österr. Gerichtszeitung Bd. 49 S. 81—83, 89—92.
Otto = Otto, Das Recht der Schuldverhältnisse des BGB. Sächs. Archiv für bürgerl. Recht und Prozeß Bd. 8 S. 641 ff.
Pfeiffer = Wilhelm Pfeiffer, Die außerkontraktliche Haftung für Handlungen dritter Personen nach §§ 831 und 832 des BGB. Diss. Erl. 1900.
Planck = G. Planck, Bürgerliches Gesetzbuch, erläutert in Verbindung mit Andern. Bd. II. 1900.
Rambohr = Rambohr, Renzension. Gruchots Beiträge Bd. 43 S. 270—272.
Rang = Christian Rang, Die Haftung des Schuldners für Dritte nach gemeinem Recht. Diss. Bonn 1886.
Redlich = Curt Redlich. Die Haftung des Schuldners für die Personen, deren er sich zur Erfüllung seiner Verbindlichkeit bedient, nach gemeinem Rechte und dem Rechte des BGB. Diss. Greifsw. 1901.
Rehbein = H. Rehbein, Das bürgerliche Gesetzbuch mit Erläuterungen. Bd. II. 1903.
Rönnberg = Rönnberg, Rezension. Zeitschrift f. d. gesamte Handelsrecht Bd. 54 S. 349 f.
Rosin = Artur Rosin, Das Recht der Untermiete nach gemeinem Recht und dem BGB. Diss. Greifsw. 1901.
Rümelin I = Max Rümelin, Die Gründe der Schadenszurechnung und die Stellung des BGB. zur objektiven Schadensersatzpflicht. 1896.
Rümelin II = Gustav Rümelin, Culpahaftung und Causalhaftung. Archiv f. d. civ. Praxis Bd. 88 (N. F. Bd. 38) S. 285—316.
Rupp = Erwin Rupp, Modernes Recht und Verschuldung. Diss. Tüb. 1880.
Scherer = M. Scherer, Recht der Schuldverhältnisse des BGB. 1897.
Schmidt = Georg Schmidt, Das Schadensersatzrecht des Entwurfes. Gutachten aus dem Anwaltstand über die erste Lesung des Entwurfes eines BGB. 1889. S. 1183—1226.

Schneider = A. Schneider, Das Schweizerische Obligationenrecht, unter Mitwirkung von H. Fick. 2. Aufl. Bd. I. 1896.

Schollmeyer = Friedrich Schollmeyer, Recht der Schuldverhältnisse. 1. Hälfte. 1900.

Schütz = Viktor Schütz, Die Haftung für das Verschulden von Gehülfen nach dem BGB. für das deutsche Reich. Diss. Jena 1901.

Sirey = Sirey et Gilbert, Les codes annotés. Code civil. Tome II. 1901. ad Art. 1384.

Staub = Hermann Staub, Kommentar zum Handelsgesetzbuch. 6. und 7. Aufl. Bd. I. 1900.

Staudinger = Julius von Staudinger, Kommentar zum bürgerlichen Gesetzbuche, in Verbindung mit Andern. Bd. II. 1901.

Steinbach = Emil Steinbach, Die Grundsätze des heutigen Rechtes über Ersatz von Vermögensschäden. 1888.

Unger I = Josef Unger, Handeln auf eigene Gefahr. Jahrb. f. Dogmatik Bd. 30 S. 363—421. Auch als Sonderausgabe erschienen.

Unger II = Josef Unger, Handeln auf fremde Gefahr. Jahrb. f. Dogmatik Bd. 33 S. 299—359. Auch als Sonderausgabe erschienen.

Waentig = Heinrich Waentig, Ueber die Haftung für fremde unerlaubte Handlungen nach römischem, gemeinem, kgl. sächsischem und neuerem deutschem Reichsrechte, ein civilistischer Versuch. 1875.

Weinrich = Alfred von Weinrich, Die Haftpflicht wegen Körperverletzung und Tötung eines Menschen nach den im deutschen Reiche geltenden Rechten. 1883.

Welsch = Bruno Welsch, Haftet nach gemeinem Rechte der conductor operis aus dem Werkverdingungsvertrage für die culpa der Arbeiter, deren er sich zur Erfüllung seiner Verbindlichkeit bedient? Diss. Greifsw. 1897.

Wendt = Wendt, Unterlassungen und Versäumnisse im bürgerlichen Recht. Archiv f. d. civ. Praxis Bd. 92 (N. F. Bd. 42) S. 1—287.

Wertheimer = Alfred Wertheimer, Die Haftung des Schuldners für seine Gehülfen nach dem Rechte des BGB. Diss. Erl. 1900.

Winter = Winter, Ist ein öffentlicher Lehrer aus § 832 BGB. haftpflichtig? Recht 1902 S. 39.

Wüstendörfer = Hans Wüstendörfer, § 278 des bürgerlichen Gesetzbuches im Licht des römischen Rechts. Diss. Straßb. 1897.

Wyß = P. Friedrich von Wyß, Die Haftung für fremde culpa nach römischem Recht. 1867.

Nicht zugänglich war mir die Abhandlung von Ernst Feder: Verantwortlichkeit für fremdes Verschulden nach dem BGB. 1902.

Die Rechtsprechung der Obergerichte ist bis Anfang 1904 verwertet. Die Zeitschriften sind mit den üblichen Abkürzungen zitiert. RG. = Samml. von Entsch. des Reichsgerichtes in Civilsachen; ROHG. = Samml. von Entsch. des Reichsoberhandelsgerichtes.

Paragraphen ohne weitre Angabe gehören dem bürgerlichen Gesetzbuch an. Eine Ziffer bei einem Paragraphen bedeutet den Absatz, ein Buchstabe den Satz. Also § 164^{1a} = BGB. § 164 Absatz 1 Satz 1.

Inhaltsverzeichnis.

§ 1. Einleitung.

I. Von den wirtschaftlichen Problemen, mit denen sich jeder Schöpfer eines bürgerlichen Rechts auseinandersetzen muß, ist eines der wichtigsten das der Schadensausgleichung. Denn unter den Interessenkollisionen, deren Beseitigung wesentlicher Zweck der Gesetze ist, stehen — soweit sichs um das bürgerliche Recht handelt — die vermögensrechtlichen obenan. Je näher die Menschen zusammenrücken, wie eine entwickelte Wirtschaft es bedingt und ermöglicht, desto mehr wächst die Gefahr der Entstehung eines Schadens. Er ist entstanden — wer soll ihn tragen?

Der Gesetzgeber hat die Wahl, sich zwei grundverschiednen Strömungen anzuvertrauen.

Die eine leitet ihn zur Veranlassungshaftung. Ohne Damm, ist sie ein rohes Prinzip, das alle wirtschaftliche Schaffenslust fast ebenso gründlich wegfluten kann wie eine Durchführung sozialistischer Gleichheitspläne oder eine restlose Streichung des Erbrechts. Es macht den Klugen, der eine komplizierte Wirtschaftsmaschine gebaut und in Betrieb gesetzt hat, dafür verantwortlich, daß ihr ein Unverständiger zu nah gekommen ist und sich den Rock an dem feinen Rädergetriebe zerrissen hat. Wie lange wird es dauern, bis der Kluge lieber die Maschine still stehen läßt, als für die Torheit Andrer aufkommt? Dabei brüstet sich dieses Prinzip, aus so geringem Denken es auch entsprang, doch mit einer äußerlichen Logik, wenn es den Meister der Maschine anfährt: hättest du die Räder nicht zum Laufen gebracht, so hätte jener unmöglich seinen Rock daran zerreißen können; folglich ersetzest du den Rock. Jedenfalls ist es bequem: es sieht nur auf das, was an der Oberfläche liegt, den Erfolg, nicht auch auf die Bewertung des Verhaltens dessen, der ihn herbeigeführt hat; es begnügt sich mit der Feststellung einer schädigenden Handlung und plagt sich nicht mit ihrer Psychologie.

Immerhin gibt es zu denken, daß große Völker seit langer Zeit unter seiner Herrschaft — wenn auch nicht ungemilderten Herrschaft — leben,[1]) daß es von der Reichsgesetzgebung für gewisse, besonders geartete Einzelfälle schon früh angenommen worden ist, und daß seinerzeit geistvolle Männer seine Einführung in das bürgerliche Gesetzbuch warm befürwortet haben; wir werden diesen Vorschlägen im Lauf unsrer Darstellung noch begegnen. Doch seien wir froh, daß der Gesetzgeber sich ihnen verschlossen und sein System auf das entgegengesetzte Prinzip gebaut hat.

---

[1]) Vgl. Scherer S. 96.

Auf das Prinzip der **Verschuldenshaftung**: „Das einzelne Individuum ist nur für den Schaden verantwortlich, den seine eigenen zurechenbaren Handlungen in rechtswidriger Weise den Interessen eines Andern zugefügt haben“ (Wyß S. 1). Töricht sei man für eigne Rechnung und verlange die Folgen nicht von einem Fremden ersetzt. War aber auch das Verhalten des Geschädigten vorwurfsfrei, so liegt es nahe — nachdem **jede** Art der Schadensverteilung entweder vom Standpunkt des Einen oder von dem des Andern als ungerecht erscheinen wird —, die Dinge so zu lassen, wie sie nun einmal sind, und den Nachteil endgültig dem **Verletzten** aufzubürden: wenn ihn ein Blitzstrahl getroffen hätte, fiel es ihm ja auch nicht ein, nach einem Ersatzpflichtigen Umschau zu halten.[1])

Allein das ist doch nur das Prinzip; wer aber von einem Prinzip spricht, zeigt damit schon, daß er Ausnahmen im Auge hat. Solche müssen denn in der Tat auch hier gemacht werden, wenn nicht das Interesse des Lebens dem juristischen Begriffe zum Opfer fallen soll. Das Verkehrsbedürfnis verlangt sie als eine der Voraussetzungen gesunder ökonomischer Entwicklung; um so dringender, je seltner entsprechend der Konzentration des Wirtschaftslebens in verhältnismäßig wenige Betriebe auf höhern Kulturstufen das persönliche Handeln, je häufiger das Erfüllen durch Hilfskräfte wird. Doch nicht bloß an obligatorische Verhältnisse ist zu denken; auch sonst kommen Beziehungen zwischen verschiednen Personen, ja sogar zwischen Sachen und Personen vor, auf Grund deren jemand für die Beschädigung eines Dritten verantwortlich gemacht wird, ohne daß ihn selbst ein Verschulden daran trifft.

Von den Ausnahmen des Verschuldungsprinzipes, die sich so ergeben — von der **Zurechnung ohne Verschulden** —, wollen wir die wichtigste betrachten: die **Zurechnung fremden Verschuldens**.

[1]) Eine Frage für sich — der wir hier natürlich nicht näher treten können — ist es, ob nicht auch in solchen Fällen eine Verteilung des Schadens angezeigt wäre, ob sichs nicht empfehlen würde, die Folgen einer Gefahr, die jeden Volksgenossen treffen kann, dann, wenn sie einen Einzelnen wirklich getroffen hat, auf die Schultern Aller oder wenigstens derer abzuwälzen, bei denen eine solche Gefahr besonders nahe liegt: also eine Art Volksversicherung auf Gegenseitigkeit. In sehr bescheidnem Maße haben ähnliche Gedanken ja bereits in unsern Arbeiterschutzgesetzen Verwirklichung gefunden. — Das Eine ist jedenfalls gewiß: Das Prinzip, das sich heut in praxi herausgebildet hat, daß große Schäden zu einem sehr beträchtlichen Teile von der Gesamtheit mitgetragen werden, kleine dagegen auf dem Beschädigten liegen bleiben, ist alles eher als vernünftig und befriedigend. Wenn Tausende von Familien durch eine Ueberschwemmung obdachlos werden, regt sich nicht nur allenthalben willig die private Wohltätigkeit, sondern auch der autoritative Vertreter der Gesamtheit, der Staat, tritt mit seinen reichen Macht- und Hilfsmitteln für die Geschädigten ein; nicht etwa, um ihnen ein Almosen zu geben, sondern — das ist die Ueberzeugung Aller — um seine Pflicht zu tun. Wird dagegen einem Einödbauern durch eine Mure das Haus zerstört und das einzige Feld verschüttet, so nimmt sich höchstens die Armenpflege des Bedauernswerten an. Es braucht aber nicht erst gesagt zu werden, daß das Unglück, das den Bauern betroffen hat, für ihn genau so groß ist, wie die Folge der Ueberschwemmung für jeden Einzelnen von jenen Tausenden.

II.[1]) Das römische Recht[2]) trug, so sehr es auch sonst unverkennbar zögerte, einen Schritt über das Gebiet der Verschuldenshaftung hinaus zu tun, von Anfang an kein Bedenken, dem paterfamilias die Delikte der seiner Gewalt Unterworfnen zuzurechnen. Den Grund dieser Haftung zeigt die vom Gesetz gebotne Möglichkeit, sie durch noxae datio abzuschütteln: der Gewalthaber haftet, solang ihn ein rechtliches Band mit dem Schadenstifter verbindet, solang ers nicht zerschneidet; er haftet, weil dieses Band besteht. Im justinianischen Recht ist aber der filiusfamilias aus dem Kreis der Personen ausgeschieden, für die der pater in solcher Weise einzustehen hat. — Zu der Verantwortlichkeit für das Verschulden der Hausgenossen fügte dann der Prätor noch die actio de effusis et deiectis, die Haftung der publicani für die Ausschreitungen ihrer Untergebnen und die der nautae, caupones und stabularii, die der Römer als die natürlichen Bundesgenossen der Diebe angesehen zu haben scheint.

Das deutsche Recht[3]) steht auf einem ganz ähnlichen Standpunkt; auch hier findet sich die scharfe Betonung der Hausgenossenschaft mit ihren juristischen Folgen. Die Volksrechte[4]) bestimmen fast durchweg eine Vertretungspflicht des Hausvaters für die von seinen Kindern und Leibeignen begründeten Verbindlichkeiten. Mit dem Fortschreiten der Entwicklung mußte sich aber dieses schroffe Prinzip eine Reihe von wichtigen Durchbrechungen gefallen lassen: die spätern Quellen[5]) kennen meist derartige Vorschriften für die Kinder nicht mehr, sondern setzen Eigenschuld des Vaters voraus, wenn ihm das Verschulden seines Kindes zugerechnet werden soll, wobei sie freilich den Begriff der Schuld viel weiter fassen, als es uns geläufig ist. Ebenso wird dem Herrn eine Pflicht zur Verantwortung für sein freies Gesinde regelmäßig bloß dann auferlegt, wenn dieses die Handlung, durch die Dritte verletzt wurden, auf seinen Befehl oder mit seinem Wissen verübt hat;[6]) dagegen wird ganz allgemein von ihm verlangt, daß er für seine Eigenknechte einstehe. Soweit einige Rechte dem Vater den von seinem Kind angerichteten Schaden zurechnen, gestatten sie ihm übrigens meist, die Haftung dadurch abzulehnen, daß er das Kind aus der häuslichen Gemeinschaft ausstößt; ein Grundsatz, der sich auch schon in einigen Volksrechten findet. Also derselbe Gedanke wie in Rom.

---

[1]) Eine ausführliche Darstellung der geschichtlichen Entwicklung mit Quellennachweisen bietet insbesondre Mataja S. 46 ff.

[2]) Von den Pandektenlehrbüchern s. namentlich Dernburg 6. Aufl. 1900 Bd. II S. 105 ff.; ferner die Spezialarbeit von Wyß.

[3]) Vgl. von den Lehrbüchern insbesondre Stobbe-Lehmann, 3. Aufl. 1898 Bd. III S. 547 ff.

[4]) Vgl. Artur Benno Schmidt, Die Grundsätze über den Schadensersatz in den Volksrechten (Gierkes Untersuchungen zur deutschen Staats- und Rechtsgeschichte Bd. 18) 1885 S. 43 ff.

[5]) Vgl. Otto Hammer, Die Lehre vom Schadensersatz nach dem Sachsenspiegel und den verwandten Rechtsquellen (ebenda Bd. 19) 1885 S. 79 ff.

[6]) Vgl. Gustav Hertz, Die Rechtsverhältnisse des freien Gesindes nach den deutschen Rechtsquellen des Mittelalters (ebenda Bd. 6) 1879 S. 42 ff.

Verantwortlichkeit für ein Verschulden dessen, den man zur Erfüllung kontraktlicher Verbindlichkeiten verwendet, hat das römische Recht in ältern Zeiten nicht gekannt. Offenbar widerwillig gab es in einigen Beziehungen den Anforderungen des entwickeltern Geschäftslebens nach; widerwillig, weil die Logik der Verschuldenshaftung eine Ausnahme zu Gunsten des Verkehrs, der keine Logik, sondern nur praktische Erwägungen für sich anführen konnte, nicht zu gestatten schien. Abgesehen von den actiones adiecticiae qualitatis [1]) ist der wichtigste Fall die Haftung des conductor operis für das Verschulden eines bei Ausführung des Werks befugt zugezognen Gehilfen. Allerdings wird behauptet, daß der Unternehmer nur eigne Schuld zu vertreten habe;[2]) aber diese Ansicht kann, wenn ihr auch Windscheid (Pandekten 8. Aufl. 1900 S. 695 Anm. 5) seine Autorität geliehen hat, doch mit der im gemeinen Recht herrschenden Theorie und mit der konstanten, durch mehr als ein Vierteljahrhundert geübten deutschen Rechtsprechung [3]) nicht als richtig anerkannt werden. Immerhin ist dieses Zugeständnis des juristischen Prinzipes an die Bedürfnisse des Lebens nicht allzu groß.

Dem ältern deutschen Recht war innerhalb der Vertragsverhältnisse selbst eine so wenig umfassende allgemeinre Ausnahme von der Regel der Schuldhaftung fremd, wozu vielleicht die allen ursprünglichen Rechten eigentümliche Neigung beitragen mag, Kasuistik zu geben, nicht Prinzipien aufzustellen. In einzelnen — nicht gerade vielen — Anwendungsfällen äußert sich der Gedanke, daß dem, der durch einen Andern erfüllen läßt, was ihm obliegt, (befugt erfüllen läßt!) das Verschulden des Verwendeten zugerechnet wird. Ein allgemeiner Rechtssatz, der das ausspräche, findet sich nirgends.

Die Rezeption konnt einen solchen nach dem über die Stellung des römischen Rechts Gesagten auch nicht einbürgern. Ja, das gemeine Recht vermocht in Wirklichkeit Zurechnung fremden Verschuldens nicht einmal in demselben Maß anzuerkennen wie das römische,[4]) da nicht mehr, wie in Rom fast ausschließlich, Gewaltunterworfne, sondern persönlich Freie im Wirtschaftsleben tätig waren, so daß die Institute der actiones noxales und der actiones adiecticiae qualitatis vollkommen obsolet wurden. Die Praxis suchte den ärgsten Mißständen [5]) dadurch abzuhelfen, daß sie die Haftung des conductor auf ähnliche Rechts-

[1]) Vgl. Feodor Kleineidam, Die Haftung des Geschäftsherrn mit der actio institoria und exercitoria nach römischem Recht. Diss. Breslau 1895.

[2]) Seit der Mitte des vorigen Jahrhunderts eine der bestrittensten Fragen des römisch-gemeinen Rechts.

[3]) S. die bei Endemann S. 496 Anm. 1 angeführten Entscheidungen des Reichsgerichts und des Reichsoberhandelsgerichtes. Weitre Erkenntnisse bei Meinke S. 42 ff. und Mathis S. 46 ff Vgl. auch Scherer S. 97. Dagegen freilich die bei Goldschmidt S. 373 Zitierten; allein deren Ansicht wurde eben vom obersten Gerichtshof verworfen.

[4]) S. darüber namentlich Goldschmidt S. 368.

[5]) Das Reichsgericht erklärte das Verschuldungsprinzip für „eine Fessel, welcher die Verkehrsbedürfnisse und die Forderung einer gleichmäßigen Verteilung von Recht und Pflicht widerstreben“ (RG. Bd. 15 S. 125).

verhältnisse ausdehnte,[1]) und außerdem bei den Voraussetzungen, unter denen sie culpa in eligendo vel inspiciendo vel custodiendo annahm, so streng, als irgend möglich, verfuhr.[2])

Die neuzeitlichen Gesetzgebungen sind zwar gleichfalls sehr zurückhaltend, gehen aber immerhin weiter. Am weitesten der code civil in dem vielgenannten Art. 1384, dem gegenüber die Stellung des bürgerlichen Gesetzbuchs einen Schritt zurück bedeutet.

III. Wenn man das Veranlassungsprinzip als die Offenbarung einer individualistischen Betrachtungsweise ansieht, die vom Einzelnen ausgeht und ihn in seinen rechtlichen Beziehungen als Einzelmenschen, nicht als Teil einer — Pflichten von besondrer Art auferlegenden — Gesamtheit behandelt; wenn man im Gegensatz dazu in der grundsätzlichen Anerkennung der Zurechnung fremden Verschuldens den Ausfluß sozialer Lebensauffassung erblickt, was im großen und ganzen zutreffen mag: so liegt der Schluß nahe, daß unsre Zeit, die sich gern eine soziale nennt und daran gewöhnt ist, wirtschaftliche Fragen nicht zuletzt unter sozialen Gesichtspunkten zu betrachten, der uns hier interessierenden Zurechnung kein zu enges Betätigungsfeld einräumt. In der Tat macht sich diese in allen drei Gebieten des Rechts geltend.

Am bescheidensten im Strafrecht. Naturgemäß; denn dessen Grundfundament ist der Nachweis einer Schuld des Verbrechers, so daß die Haftung für fremdes Verschulden hier kaum einen Platz, jedenfalls keine Berechtigung hat. Wenn sie sich gleichwohl in einigen Fällen findet, ist der Grund hiefür fast immer in fiskalischen Interessen, ausnahmsweise in der Eigenart des in betracht kommenden Verbrechens zu suchen. Uneingeschränkt und ungemildert ist sie äußerst selten:[3]) aus dem Strafgesetzbuch selbst kann die Bestimmung des § 30 angeführt werden, daß eine bei Lebzeiten des Verurteilten rechtskräftig gewordne Geldstrafe in den Nachlaß vollstreckt, daß also dem Erben eine unerlaubte Handlung seines Erblassers zugerechnet wird; außerdem ist hier § 17¹ des Gesetzes betr. die Statistik des Warenverkehrs zu nennen. Etwas häufiger begegnet die Haftung für fremdes Verschulden als subsidiäre Vertretungsverbindlichkeit neben dem Täter, ohne daß Eigenschuld vorausgesetzt wird (Vereinszollgesetz § 153, Tabaksteuergesetz § 43¹ᵃ; ², Spielkartenstempelgesetz § 18², Branntweinsteuergesetz von 1887 § 32¹ᵃ, Schaumweinsteuergesetz § 20), und insbesondre in der

---

[1]) Vgl. RG. Bd. 33 S. 170 f. und die dort angeführten Entscheidungen. In einem Urteil (Jur. Wochenschrift 1902 S. 429) hat das Reichsgericht sogar erklärt, ein dem § 278 entsprechender Rechtssatz „habe sich in der Wissenschaft und Rechtsprechung des gemeinen Rechts Geltung verschafft" (!).

[2]) S. insbesondre ROHG. Bd. 4 S. 246 f.

[3]) Die Auffassung Borcherts, daß sich die Fälle der Teilnahme und der mittelbaren Täterschaft als Zurechnung fremden Verschuldens darstellten, ist durch nichts begründet. Denn der Teilnehmer und der mittelbare Täter haften doch nur deshalb, weil sie selbst sich gesetzwidrig benommen haben, wenn auch eine Verfehlung des unmittelbar Delinquierenden zum Tatbestand gehört; sie haften also stets wegen eignen Verschuldens!

mildesten Art als Schuldvermutung, also in der Form einer Verschlechterung der Rechtsstellung: nicht nur die Nebengesetze kennen sie (Vereinszollgesetz § 153^{3}, Preßgesetz § 20^{2}, Spielkartenstempelgesetz § 10^{3}, Branntweinsteuergesetz von 1868 §§ 64, 661^{3}, von 1887 § 32^{2}, Brausteuergesetz § 381^{3}, Salzsteuergesetz § 13^{2}, Zuckersteuergesetz §§ 44, 581^{3}),[1] sondern auch das Strafgesetzbuch enthält in § 361 Ziff. 8 einen derartigen Fall.[2]

Wirkungsvoller zeigt sich der Gedanke der Zurechnung fremden Verschuldens im öffentlichen Recht.[3] Hier wird er bedeutsam, wenn er den Bürger zur Leistung der Dingpflicht auf den Richterstuhl ruft: dadurch, daß der Eine die Rechtsordnung gebrochen hat, entsteht eine Pflicht für den Andern, der keinerlei Beziehungen zum Täter hatte. Freilich nicht allein dadurch; denn es muß noch manches hinzukommen, bevor der Schöffe oder Geschworne zu amtieren hat; der tiefste Grund liegt aber in der Begehung des Verbrechens. Können sich nicht auch die Pflicht zur Uebernahme einer Vormundschaft oder eines ähnlichen Amtes und die Einlassungspflicht als Fälle der Zurechnung fremden Verschuldens darstellen? Und tritt diese nicht möglicherweise in sehr beträchtlichem Maß als Folge unsrer Arbeiterschutzgesetzgebung ein?

Allein ihr eigentliches Geltungsgebiet ist das Privatrecht und wird es stets bleiben. Nur soweit sie hier — und zwar innerhalb des bürgerlichen Gesetzbuchs — hervortritt, wollen wir sie betrachten. Aber auch in dieser Hinsicht nicht in ihrem vollen Umfang.[4] Es gibt nämlich zwei Hauptgruppen der privatrechtlichen Zurechnung fremden Verschuldens: sie entsteht entweder gemäß dem Willen des Verantwortlichen oder gegen diesen. Bloß der zweite Fall wird uns im Folgenden beschäftigen. Um jedoch eine sichre Begriffsbestimmung zu gewinnen, ist es nötig, auch auf die erste Möglichkeit kurz einzugehen, was im nächsten Paragraphen geschehen soll.

§ 2. Abgrenzung des Themas.

I. Wir haben uns als Aufgabe die Betrachtung der nicht auf den Parteiwillen gegründeten Zurechnung fremden Verschuldens gestellt, soweit sie ihre Regelung im bürgerlichen Gesetzbuch gefunden hat. Nach zwei Seiten hin müssen die Grenzen des Themas abgesteckt werden.

[1] Dagegen gehören Branntweinsteuergesetz von 1887 § 28 und GO. § 151 nicht hieher, die von Borchert S. 7 Anm. 1 als Beispiele strafrechtlicher Zurechnung fremden Verschuldens aufgeführt werden.

[2] Außerdem könnte man höchstens an § 227 denken; doch muß nach richtiger Auffassung (s. Olshausen, Kommentar Bd. II S. 824 und die dort zitierten Reichsgerichtsentscheidungen) dem am Raufhandel Beteiligten positiv ein Verschulden nachgewiesen werden.

[3] Hier stellt sie sich stets als zeitweilige Zurechnung in dem unten zu erörternden Sinne dar.

[4] Eine Arbeit, die sich für das geltende gesamte Recht mit der Zurechnung fremden Verschuldens beschäftigte, fehlt. Die Dissertation von Rupp, die einen Anlauf dazu nimmt, liegt schon um fast ein Vierteljahrhundert zurück; zudem will sie ein viel weitres Gebiet umfassen und kann deshalb das unsre nur streifen.

1. Wir behandeln zunächst, wie soeben schon betont, nur die Zurechnung, die nicht auf dem Willen des Verantwortlichen beruht.

Es scheidet deshalb vor allem die Uebernahme der Verantwortlichkeit durch besondern Garantievertrag[1]) für uns aus; ebenso die Haftung des Bürgen[2]) und dessen, der für die Forderung eines Dritten ein Pfand bestellt hat.[3]) Daß die Grundlage der Zurechnung in diesen Fällen der eigne, freie Willensentschluß ist, kann nicht bezweifelt werden. Gemeinsam ist ihnen, daß von vornherein nichts weiter als eine solche Verantwortlichkeit gewollt war.

Anders bei der Zurechnung, die sich aus der rechtsgeschäftlichen Stellvertretung ergibt; denn der Vertretne will naturgemäß aus der Tätigkeit seines Vertreters nur Vorteil ziehen und bevollmächtigt nicht, um sich zu schädigen. Aber diesen Willen hat er nicht zum Ausdruck gebracht; er hat mehr gesagt, als er sagen wollte, und muß sein Wort gegen sich gelten lassen. Wenn ich Vollmacht erteile, erklär ich damit, daß ich das Handeln, das der Bevollmächtigte in einer gewissen Richtung betätigt, als mein eignes betrachtet wissen will; ich stell ein Blankett aus, das der Empfänger nach Gutdünken ausfüllen darf: zwar soll ers nur zu meinem Nutzen tun; allein ich geb ihm die rechtliche Macht und erkläre mich also damit einverstanden, daß er davon auch in einer mir unangenehmen Weise Gebrauch macht. Ich muß mir vorhalten, daß „die Fähigkeit, im Verkehr durch Ausübung einer Willensmacht Rechtsgüter zu erwerben, zugleich die Möglichkeit in sich birgt, durch diese Machtbetätigung fremde Herrschaftskreise zu verletzen" (Reichsgericht).[4]) Keinen Unterschied macht es, ob diese Verletzung durch rechtsgeschäftliches Verschulden oder durch eine unerlaubte Handlung erfolgte. Man wende nicht ein, daß es eine Vollmacht zur Begehung von Delikten nicht gibt; denn „nicht um eine solche handelt es sich, sondern lediglich um eine Vollmacht zur Geschäftsführung, welche gesetzlich die Verbindlichkeit nach sich zieht, daß der Vollmachtgeber bzw. Vertretene für die Folgen dieser Geschäftsführung, namentlich auch für den durch dieselbe herbeigeführten Schaden mitverhaftet ist" (Reichsgericht).[5]) Voraussetzung ist dabei immer, daß die Abgabe einer Willenserklärung in Frage steht. Die Ansicht von Blau S. 20, daß der Vertretne für deliktisches Verschulden des Vertreters nie verantwortlich sei, ist unzutreffend; jedenfalls hindert der Wortlaut des § 164[1a] nicht, diese

[1]) Damit auch die Bestimmung der §§ 463[a] und 480[2] (erste Alternative). Denn hier wird das Fehlen einer zugesicherten Eigenschaft vorausgesetzt; wer aber eine Eigenschaft zusichert, übernimmt die Garantie für ihr Vorhandensein. Die Schadensersatzpflicht beruht also in diesen Fällen auf dem Willen des Verkäufers.

[2]) Als besondre Art der Bürgschaft ist der Kreditauftrag aufzufassen und deshalb hieher zu beziehen.

[3]) Auch an den Eintritt des Erben in die Verpflichtungen des Erblassers, die ja möglicherweise durch dessen Verschulden entstanden sind, (vgl. § 858[2b]) kann man denken; denn der Grund dieses Eintritts liegt in der Annahme oder Nichtausschlagung der Erbschaft.

[4]) RG. Bd. 15 S. 127.

[5]) RG. Bd. 10 S. 303.

Bestimmung anzuwenden, wenn der Vertreter mit seiner Willenserklärung etwa das Firmenrecht eines Andern vorsätzlich oder fahrlässig verletzt hat.

Wird ein Verschulden des Bevollmächtigten dem Vollmachtgeber gemäß § 164^{1a} zugerechnet, so liegt mithin der Grund darin, daß er Vollmacht erteilte;[1]) er ist verantwortlich, weil ers sein will. „Handlungen, zu deren Vornahme ihrer objektiven Beschaffenheit nach die eingeräumte Vertretungsmacht befugt, hören nicht auf, Vertretungshandlungen zu sein, weil sie von dem Vertreter in rechtswidriger Gesinnung vorgenommen sind" (Reichsgericht).[2])

Die Zurechnung des Verschuldens eines gesetzlichen Vertreters kann naturgemäß auf diesen Gedanken nicht zurückgeführt werden; es ist deshalb sehr begründet, daß das Gesetz sie besonders und in ganz anderm Zusammenhang ausgesprochen hat (§ 278).[3]) Sie ist aber nicht nur an andrer Stelle festgesetzt, sondern auch materiell verschieden; denn § 278 läßt den gesetzlich Vertretnen für Verschulden seines Vertreters schlechthin haften, § 164 den Vollmachtgeber nur soweit, als sichs um eine rechtsgeschäftliche Willenserklärung handelt. Inwiefern § 164 auch für den erstern Bedeutung hat, ist später zu zeigen (s. unten § 4 II 2).

Daraus, daß wir die Verantwortlichkeit für den gewillkürten Vertreter bei Seite lassen, folgt für uns der Ausschluß der Haftung, die die Gesellschafter für die Handlungen des geschäftsführenden Sozius trifft. Denn dessen Vertretungsbefugnis (§ 714) und daraus entspringende rechtliche Macht, Verpflichtungen für die andern zu begründen, ruht auf der von diesen erteilten Vollmacht,[4]) also auf deren Willen.[5])

---

[1]) Wenn freilich der Bevollmächtigte eine rein tatsächliche Erfüllungshandlung vornimmt, ist er Erfüllungsdiener so gut, wie jeder andre, und fällt dann unter § 278 — aber nicht als Bevollmächtigter, sondern eben als Erfüllungsdiener. Vgl. Mot. Bd. II S. 29. — Cosack S. 254 rechnet den rechtsgeschäftlichen Vertreter offenbar schlechthin zu den Erfüllungsdienern des § 278, ohne nur den Versuch einer Begründung zu machen.

[2]) Gruch. Beitr. Bd. 44 S. 1063.

[3]) Man verweise dem gegenüber nicht auf die Worte der Mot. Bd. II S. 31, daß man der Haftung für den gesetzlichen Vertreter nur „der Vollständigkeit wegen" Erwähnung getan habe. Denn diese Worte sind zum mindesten sehr ungeschickt: der Vollständigkeit wegen gehört ein Rechtssatz zwar in ein Lehrbuch, aber nicht in ein Gesetz; zudem ist nicht einzusehen, aus welchen Bestimmungen diese Haftung denn eigentlich folgen soll, wenn nicht gerade aus § 278. Auch unterscheiden die Mot. Bd. I S. 228 sehr genau zwischen der Haftung des Vollmachtgebers und der des gesetzlich Vertretnen.

[4]) Vgl. Rehbein S. 105: Der vertretungsberechtigte Gesellschafter handelt immer auf Grund Auftrags, ebenso wie der Prokurist, der Handlungsbevollmächtigte, der Bevollmächtigte.

[5]) Vgl. dazu die Entscheidungen des Reichsgerichts über die Haftung der Mitglieder einer offnen Handelsgesellschaft für Verschulden des geschäftsführenden oder vertretenden Sozius bei der Geschäftsführung oder Vertretung (RG. Bd. 10 S. 301; Bd. 15 S. 123; Bd. 46 S. 20 und die hier zitierten weitern Urteile). Diese Entscheidungen sind deshalb auch für die Gesellschaft des bürgerlichen Gesetzbuchs verwertbar, weil sie die offne Handelsgesellschaft nicht etwa als juristische Person auffassen, sondern „in dem Eingehen der Gesellschaft die Vollmachterteilung erblicken"; daß die Handlungsbefugnis eines Gesellschafters im Sinn des bürgerlichen Gesetzbuchs auf ausdrücklicher oder stillschweigender Vollmacht beruht, wird nicht zu bestreiten sein. Die oben angeführten Sätze sind denn auch diesen Entscheidungen entnommen.

2. Eine weitre Beschränkung haben wir uns dadurch auferlegt, daß wir uns nur mit der Zurechnung fremden Verschuldens befassen. Wo wir Eigenschuld des Verantwortlichen als Grund der für ihn entstehenden Verpflichtung erkennen, haben wir mithin nichts zu suchen.

a) Nun kann es aber sein, daß beide Haftungsgründe konkurrieren: daß jemand für das schuldhafte Verhalten eines Andern einzutreten hat, aber nur dann, wenn in bezug auf dieses zugleich ihn selbst ein Verschulden trifft. Man könnte hier höchstens von einer sekundären Zurechnung reden; in Wirklichkeit ist aber Haftung für eigne Schuld gegeben.[1]) Denn hätte der Verantwortliche vorwurfsfrei gehandelt, so wäre der Täter gar nicht in die Lage gekommen, den zum Ersatz verpflichtenden Erfolg herbeizuführen. Trotz des dazwischentretenden fremden Verschuldens ist somit die erforderliche Kausalität zwischen dem eignen und dem Erfolg gewahrt. Der Haftende muß sich — gleichgültig, ob auch den Andern ein Verschulden trifft oder nicht — die schädigende Handlung deshalb zurechnen lassen, weil ihm ein solches zur Last fällt.[2]) Außer dem ganz selbstverständlichen Falle, daß er den Andern zu rechtswidrigem Verhalten veranlaßt hat, bleibt deshalb für uns die Haftung wegen mangelhafter Auswahl, Beaufsichtigung oder Ueberwachung (vom gemeinen Recht als culpa in eligendo vel inspiciendo vel custodiendo bezeichnet) und die Haftung wegen Verwendung eines Erfüllungsdieners[3]) trotz ausdrücklichen oder stillschweigenden[4]) Verbotes[5]) außer betracht.[6]) In dem zuletzt genannten Fall erweitert sich die Vertretungsverbindlichkeit gegenüber der Zurechnung fremden Verschuldens sogar beträchtlich: sie erstreckt sich selbst auf Zufall, wenn dieser ohne Zuziehung des Erfüllungsdieners nicht eingetreten wäre.

b) Aus demselben Grunde müssen wir die Haftung der Körperschaften (§ 31) und der ihnen gleich gestellten Stiftungen (§ 86) und

---

[1]) Waentig, der die „Haftung wegen Mitschuld" sehr ausführlich behandelt, verkennt das nicht (S. 5) Warum er dann jenen Abschnitt nicht einfach gestrichen hat, ist nicht einzusehen; um so weniger, als schon Wyß die Behandlung dieser Fälle in richtiger Erkenntnis ihres Wesens (S. 4) unterlassen hatte.

[2]) Eine eingehende Betrachtung dieser Fälle bei Dreyer (Gutachten) S. 52 ff.

[3]) Ueber diesen Ausdruck s. unten § 3 II 2.

[4]) Wann ein solches stillschweigendes Verbot anzunehmen ist, ergibt sich aus der Natur des betreffenden Rechtsverhältnisses mit Rücksicht auf die vernünftige Verkehrsanschauung. Im Einzelfall können freilich Schwierigkeiten entstehen. Darf z. B. ein Bildhauer zur Ausführung eines Auftrags Erfüllungsdiener beiziehen, und inwieweit darf er das? Doch würde, wie gesagt, die Erörterung solcher Fragen aus dem Rahmen unsrer Darstellung fallen.

[5]) Das zwar in den meisten Fällen ein rechtsgeschäftliches sein wird, sich aber als beschränktes Verbot auch auf gesetzliche Vorschrift oder obrigkeitliche Anordnung gründen kann; z. B. wenn das Gesetz von den zu verwendenden Erfüllungsdienern besondre Eigenschaften verlangt. Vgl. Burchardi S. 190.

[6]) Damit ist nicht etwa gesagt, daß diese Fälle nicht auch unter § 278 fielen: Dieser umfaßt sie nach seinem Wortlaut zweifellos, und es kann sehr wohl sein, daß der Gläubiger im Einzelfall besser fährt, wenn er sich auf diese Bestimmung beruft und nicht das Eigenverschulden seines Schuldners geltend macht. Das ist auch die herrschende Meinung; abweichend nur Neumann S. 149.

juristischen Personen des öffentlichen Rechts (§ 89) für die zum Schadensersatz verpflichtenden Handlungen ihrer verfassungsmäßig berufnen Vertreter unberücksichtigt lassen. Bekanntlich wird scharf umstritten (nicht im Zusammenhang mit unsrer Frage, sondern mit der Lehre von der Handlungsfähigkeit der juristischen Personen), ob sie selbst durch diese Vertreter handeln, oder ob deren Tätigkeit nichts weiter ist als Tätigkeit der physischen Personen, eben der Vertreter. Beide Anschauungen können schwerwiegende Autoritäten für sich namhaft machen. Die Fassung des § 31 und noch mehr die des § 26 2a, der dem Vorstand die Stellung eines gesetzlichen Vertreters zuspricht, scheint der zweiten Ansicht günstiger zu sein. Ich glaube zwar, daß Cosack (Bd. I 3. Aufl. 1900 S. 109) Recht hat, wenn er erklärt, es handle sich nicht um eine Rechts-, sondern um eine Ausdrucksfrage, d. h. weniger zart ausgedrückt, die ganze Fehde sei ein Streit um Worte;[1]) doch wird dadurch in unserm Falle die Entscheidung nicht gefördert.

Unleugbar ist, daß die juristische Person nicht in allen Beziehungen wie eine physische tätig werden kann. Es fehlen ihr viele Organe, ohne die wir uns einen Menschen nicht denken können. Aber es fehlen ihr doch nicht alle; wichtige besitzt sie: in der Mitgliederversammlung einen Kopf, in ihren Vertretern Mund und Hände. Man sei nicht zu streng. Gewiß ist das bloß ein Vergleich; aber er ist zweifellos zutreffend und kann Trübes klarer machen. Wenn die Arme einen Erfolg herbeigeführt haben, trägt niemand Bedenken, ihn als Wirkung eines Handelns des Menschen und nicht der Arme zu bezeichnen. Warum soll man bei den juristischen Personen anders verfahren als bei den physischen?

Allein wir haben es gar nicht nötig, uns auf diesen Vergleich zu versteifen; auch das Gesetz spricht deutlich genug für unsre Auffassung. Es bestimmt in § 43, daß einem Vereine die Rechtsfähigkeit entzogen werden kann, wenn er durch gesetzwidriges Verhalten des Vorstands das Gemeinwohl gefährdet. Falls der Gesetzgeber wirklich zwischen Handlungen des Vorstands und Handlungen des Vereins unterschiede, wäre nicht einzusehen, warum er sich in diesem Falle nicht damit begnügt, die Einsetzung eines neuen Vorstands zu erzwingen, warum er statt dessen in so drakonischer Weise den Verein büßen läßt. Eine derartige Strenge ist befriedigend nur zu erklären, wenn man annimmt, daß im Vorstand der Verein handelt: dieser hat sich gesetzwidrig verhalten, und deshalb gibt die Rechtsordnung die Möglichkeit, ihm wegen seines eignen Verschuldens die bevorzugte Stellung einer Körperschaft zu entziehen. Auch die Fassung des § 43 ist bezeichnend: der Verein gefährdet durch den Vorstand!

Endlich können wir uns auf die Autorität des Reichsgerichts berufen, das für das gemeine Recht, von der rechtlichen Natur der juristischen Person ausgehend, zu derselben Entscheidung gelangte:[2]) „Die amtlichen Vertreter der juristischen Person, soweit sie vermöge ihres

[1]) In der neusten Auflage (S. 103 unten) gebraucht er denn auch diesen etwas kräftigern Ausdruck.

[2]) RG. Bd. 19 S. 350.

Amtes tätig sind," (das entspricht genau den „verfassungsmäßig berufenen Vertretern in Ausführung der ihnen zustehenden Verrichtungen" des § 31) „sind mit der juristischen Person, insoferne es auf den Willen ankommt, rechtlich zu identifizieren; denn was sie innerhalb des ihnen zugewiesenen Amtskreises als Vertreter derselben und in ihrem Namen vornehmen, ist so aufzufassen, als wäre es von der durch sie repräsentierten juristischen Person selbst vorgenommen, ist daher im Rechtssinne ein eigenes Verschulden der juristischen Person."

Da hier also nach unsrer Auffassung der Täter und der Verantwortliche identisch sind, müssen wir § 31 und die analogen Bestimmungen bei Seite lassen.

II. Dagegen wollen wir eine stattliche Reihe von Fällen der Zurechnung fremden Verschuldens nicht vergessen, die in allen bisherigen Darstellungen unsres Gegenstands unberücksichtigt sind: Es kann sein, daß der Gesetzgeber eine Verantwortlichkeit ohne Verschulden begründet, die durch das Verhalten eines Andern ausgelöst wird; ohne Rücksicht darauf, ob dem Andern dabei ein Verschulden zur Last fällt oder nicht. Trifft aber im einzelnen Falle das erste zu, so ist klar, daß die Vertretungspflicht, vom Standpunkt des Pflichtigen aus gesehen, als Zurechnung des Verschuldens des Andern erscheint. Deshalb ist es nicht richtig, diese Fälle von der Betrachtung auszuschließen. Ein Gefühl dafür scheint auch bei den meisten Schriftstellern vorhanden zu sein. Denn fast alle behandeln die Haftung aus den §§ 831 und 832 unter der Ueberschrift „Haftung für fremdes Verschulden", obwohl nach der beinah unbestritten herrschenden — richtigen — Ansicht Voraussetzung nicht ist, daß der Täter schuldhaft gehandelt habe (s. unten § 14 I): also ein typischer Fall dieser Zurechnungsart. Am weitesten vorgeschritten ist Gysler (im Anschluß an Bieder), der die Haftung aus Art. 65 und 67 des schweizer Obligationenrechts (entsprechend den §§ 833 und 836) als „Anhang" behandelt, weil daraus „unter Umständen" für fremdes Verschulden gehaftet werden könne.[1]) Aber keiner ist dazu gelangt, Teile einer durch die ganze Privatrechtsordnung sich erstreckenden Institution in diesen Fällen zu erkennen. — Der Kürze halber wollen wir sie als zeitweilige Zurechnung bezeichnen, da sie sich nicht notwendig, nicht ständig als Vertretung fremden Verschuldens darstellen.

Auch eine andre bisher allgemein durchgeführte Einschränkung können wir nicht annehmen: Zwar läuft die uns hier interessierende Zurechnung in ihrem praktischen Ergebnis fast immer auf die Entstehung einer vermögensrechtlichen Pflicht, hauptsächlich einer Schadensersatzpflicht hinaus, und in der Erkenntnis dieser Tatsache sind wir auch in der Einleitung davon allein ausgegangen. Aber die Theorie darf deshalb die — freilich recht wenigen — Fälle nicht übersehen, in denen sichs nicht, wie in der Regel, um eine auch ökonomische,

[1]) Uebrigens sei bemerkt, daß sich die Verantwortlichkeit aus diesen beiden Paragraphen nach deutschem Recht nicht als Zurechnung fremden Verschuldens in Form der Entstehung einer Haftung darstellt.

sondern um eine rein juristische Zurechnung handelt. Wer infolge des Verschuldens eines Andern die Befugnis verliert, ein ihm sonst zustehendes Recht überhaupt oder in gewissen Beziehungen auszuüben, und sich so einen erheblichen Eingriff in seine Rechtssphäre gefallen lassen muß, für den liegt darin eine Zurechnung jenes Verschuldens auch dann, wenn er einen Schaden entweder gar nicht erleidet oder ihn hinterher ersetzt bekommt. Notwendig ist nur, daß die Wellen, die das Verhalten des Täters hervorgerufen hat, über fremdes Gelände hinschlagen; ob sie dabei ein Stück des Bodens mit wegschwemmen oder zurückweichen, ohne Schaden angerichtet zu haben, ist gleichgültig. Die entgegengesetzte Anschauung wird besonders scharf von Wyß vertreten, der S. 3 „eine reelle ökonomische Einbuße, eine direkte Vermögensminderung" verlangt.[1]) Wie falsch das ist, zeigt schon die Erwägung, daß dann alle die Fälle von der Darstellung ausgeschlossen werden müßten, in denen eine solche Minderung deshalb nicht entsteht, weil für den Verantwortlichen etwa eine Versicherungsgesellschaft vertragsmäßig eintreten muß, oder weil das im einzelnen Fall ihm gesetzlich zustehende Rückgriffsrecht gegen den Täter tatsächlich zu einem materiellen Ergebnis führte. Gerade vom Juristen sollte man erwarten, daß er nicht danach unterscheidet, ob eine finanzielle, sondern danach, ob eine juristische Schädigung verursacht worden ist oder nicht.

---

[1]) Allerdings behandelt er bloß die „Haftung" für fremdes Verschulden.

Die Zurechnungsfälle.

1. Abschnitt.

Zurechnung in Form der Entstehung einer Pflicht.

I. Der Pflicht zum Schadensersatze.

A. Der Regelfall.

1. Die Voraussetzungen der Zurechnung.

§ 3. a) Die Voraussetzungen in der Person der Beteiligten.

Das allgemeine Prinzip für die Zurechnung fremden Verschuldens, die sich in der Entstehung einer Schadensersatzpflicht äußert, stellt § 278 auf: „Der Schuldner hat ein Verschulden seines gesetzlichen Vertreters und der Personen, deren er sich zur Erfüllung seiner Verbindlichkeit bedient, in gleichem Umfange zu vertreten wie eigenes Verschulden."

Die Haftung für den durch fremdes Verschulden einem Dritten [1]) zugefügten Schaden setzt danach ein Dreieck voraus: Wir haben den Verantwortlichen, den Täter und den Geschädigten zu unterscheiden und wollen zunächst die Erfordernisse untersuchen, die in deren Person gegeben sein müssen.

I. Den, dem das fremde Verschulden zugerechnet wird, bezeichnet das Gesetz als „Schuldner". Nach der Terminologie des bürgerlichen Gesetzbuchs kann man darunter nur den verstehen, der zu einer Leistung verpflichtet ist, gegen den sich ein persönlicher Anspruch richtet. Denn es vermeidet außerhalb der obligatorischen Verhältnisse den Ausdruck Schuldner sorgfältig und spricht im Sachenrecht statt dessen durchweg vom „Eigentümer". Am deutlichsten zeigt sich diese bewußte Unterscheidung in dem Abschnitt über die Hypothek, wo der dinglich Verpflichtete stets Eigentümer, der persönlich Verpflichtete stets Schuldner genannt wird. Auch darf nicht ganz übersehen werden, daß § 278 seinen Platz im Recht der Schuldverhältnisse, nicht im allgemeinen Teil gefunden hat. Es ist deshalb nicht richtig, seine Bestimmung unterschiedslos beim Vorliegen obligatorischer und dinglicher Ansprüche anzuwenden, wie Nußbaum S. 53 es tut; sie setzt vielmehr stets einen persönlichen Anspruch, einen Anspruch auf Leistung (§ 241) voraus.

---

[1]) Dieser unbestimmte Ausdruck wird später präzisiert werden.

Dabei ist aber zu beachten, daß jedes dingliche Recht die Kraft in sich trägt, aus der Fülle der ihm innewohnenden Berechtigungen heraus ein Forderungsrecht ins Leben zu rufen, und daß es diese Kraft jedenfalls immer dann äußert, wenn es verletzt wird; gerade dadurch zeigt sich nach außen hin seine Bedeutung am machtvollsten. Hat sich so aus dem absoluten Recht ein relatives abgespalten, so ist unzweifelhaft der, gegen den es sich richtet, Schuldner im Sinn des § 278, so daß wir im großen und ganzen zu demselben Ergebnis wie Nußbaum kommen, wenn auch auf anderm Weg.

Nach dem Gesagten ist klar, daß man die Haftung aus § 278 nicht, wies häufig geschieht, als kontraktliche Haftung bezeichnen darf;[1]) denn es ist durchaus nicht notwendig, daß zwischen dem Haftenden und dem Geschädigten gerade ein Vertragsverhältnis besteht.[2]) Inwiefern auch die Bezeichnung „außerkontraktliche Haftung für fremdes Verschulden" dem Standpunkt des Gesetzes nicht entspricht, ist später zu zeigen (s. unten § 12 I).

Wodurch man Schuldner und Gläubiger wird, wie insbesondre bei den gegenseitigen Verträgen diese Stellungen verteilt sind, bestimmt sich nach den gewöhnlichen Grundsätzen. Verwiesen sei auf die aus der gemeinrechtlichen Judikatur zusammengestellte Kasuistik bei Rehbein S. 108; vgl. auch das Urteil des OLGs. Stuttgart im Recht 1903 S. 79.

II. Der Schuldner ist nicht für das Verschulden des nächsten Besten verantwortlich, mit dem er in keinem irgendwie gestalteten privatrechtlichen Verhältnis steht, sondern er haftet nur, wenn eine Beziehung von besondrer Art zwischen ihm und dem Schadenstifter obwaltet.

1. Zunächst wird bestimmt, daß ein Verschulden des gesetzlichen Vertreters dem Vertretnen zugerechnet werde — eine notwendige Ergänzung des Grundsatzes, daß der nicht Geschäftsfähige zum Rechtsverkehr zugelassen wird, und eine Folgerung daraus.[3]) Warum nur das rechtsgeschäftliche, nicht auch das deliktische Verschulden, wie meist behauptet wird, ist aus dem Gesetz nicht zu entnehmen. Freilich sagen die Motive (Bd. II S. 31 Anm. 1), dem Entwurf, dessen Bestimmungen in dieser Hinsicht eine materielle Aenderung nicht erfuhren, sei Haftung für Delikte des gesetzlichen Vertreters unbekannt; Worte, die oft nachgesprochen worden sind. Aber diese Meinung des Gesetz-

[1]) Dagegen ist die Bezeichnung „Haftung innerhalb bestehender Schuldverhältnisse" ganz korrekt.

[2]) Vgl. Matthiaß S. 376 („in allen rechtsgeschäftlichen und analogen Verhältnissen"); Rümelin I S. 87 („Ausführung der durch Kontrakt oder auch einen andern Vorgang begründeten Obligation"); Rehbein S. 105 („in kontraktlichen und gesetzlichen Schuldverhältnissen"); Hoffmann S. 108 f. A. M. offenbar Dernburg S. 145 oben; Liszt S. 105 („§ 278 setzt ein bestehendes Vertragsverhältnis voraus").

[3]) Vgl. Meischeider, Die alten Streitfragen gegenüber dem Entwurf eines BGB. S. 49; Schollmeyer S. 103.

gebers hat keinen Ausdruck im Gesetz gefunden. Wenn ohne jeden Zusatz vorgeschrieben ist, dem Schuldner solle das Verschulden seines gesetzlichen Vertreters zugerechnet werden, kann darunter nichts andres verstanden werden als eben Verschulden schlechthin, d. h. jedes Verschulden. Die übliche Beschränkung auf rechtsgeschäftliches Verschulden ist rein willkürlich und zudem durch den so entstehenden Gegensatz zum Erfüllungsdiener befremdend.

Der Begriff des gesetzlichen Vertreters kann Schwierigkeiten machen. Daß für uns der Vorstand einer Körperschaft oder Stiftung nicht in betracht kommt, ist nach dem oben Gesagten klar. Jedenfalls gehören hieher die Inhaber der elterlichen und einer analogen Gewalt (der Vormund, der Pfleger,[1]) der Beistand, wenn die Voraussetzungen des § 1693 gegeben sind); natürlich nur, wenn und soweit ihnen die Vermögensverwaltung zusteht. Ist sie ihnen von Anfang an nur zum Teil übertragen, oder ist sie ihnen zum Teil entzogen,[2]) so muß sich ihr Verschulden gerade auf den Teil beziehen, innerhalb dessen sie Vertretungsmacht haben; denn der Vertretne haftet nur dann, wenn sein gesetzlicher Vertreter gerade in seiner Eigenschaft als solcher, nicht in seinen sonstigen Eigenschaften schuldhaft gehandelt hat.

Andre gehen noch weiter und beziehen hieher auch den geschäftsführenden Gesellschafter der offnen Handelsgesellschaft nach § 125 HGB.,[3]) den Konkursverwalter im Verhältnis zum Gemeinschuldner[4]) und folgerichtig dann wohl auch den Verwalter eines sequestrierten Grundstücks (Gesetz über die Zwangsversteigerung und Zwangsverwaltung §§ 150 ff.): Das ist nur möglich, wenn man von der allgemein gebräuchlichen Terminologie[5]) absieht und als gesetzliche Vertretung nach dem Wortsinn die auffaßt, die auf einer Anordnung durch Gesetzesvorschrift beruht, die gesetzlich geboten ist. Auf den ersten Blick ist das sehr bestechend und erscheint namentlich für den Konkursverwalter wegen der §§ 353^2 und 499^b gerechtfertigt. Aber wenn mans tut, gibts keinen Halt mehr. Insbesondre ist dann nicht einzusehen, warum man einen Unterschied

---

[1]) Dem Personenpfleger ist der Nachlaßpfleger ganz gleich gestellt. Vgl. § 1962; § 20 II bayer. Nachlaßordnung; Blätter für Rechtsanwendung Bd. 67 S. 511.

[2]) Vgl. §§ 1630^{2b}, 1693, 1794, 1796, 1797^2.

[3]) Oertmann I S. 38; Brückner S. 338; OLG. Stuttgart in Seuff. Arch. Bd. 52 Nr. 157, das aber so vorsichtig ist, die Gesellschafter nur „gleichsam" als gesetzliche Vertreter der Gesellschaft zu bezeichnen.

[4]) Kisch S. 104; Petersen-Kleinfeller, Kommentar zur Konkursordnung, 2. Aufl. 1888 S. 30 ff.; Schultze, Das deutsche Konkursrecht in seinen juristischen Grundlagen S. 36 ff. A. M. Rehbein S. 105; Sarwey-Bossert, Kommentar zur Konkursordnung, 3. Aufl. 1896 S. 85 ff.; Kohler, Leitfaden des deutschen Konkursrechtes, 2. Aufl. 1903 S. 213.

[5]) Das bürgerliche Gesetzbuch sagt außerhalb des Familienrechts immer nur, eine Person habe die Stellung eines gesetzlichen Vertreters; nicht, sie sei gesetzlicher Vertreter. Der Unterschied zeigt sich besonders klar beim Vorstand einer Körperschaft, bei dem sichs nach Labands (S. 187) geistvoller Unterscheidung nicht — wie beim gesetzlichen Vertreter — um Vertretung in Vollmacht, sondern um Vertretung in Organschaft handelt; d. h. er ist nicht Vertreter, sondern Organ.

darnach machen soll, ob die gebietende Vorschrift dem materiellen Recht oder dem Prozeßrecht angehört, warum man also namentlich den Rechtsanwalt im Anwaltsprozeß nicht als gesetzlichen Vertreter mit aufführt. Es wird jedoch kaum einem Zweifel unterliegen, daß der Gesetzgeber ihn nicht als solchen behandelt wissen will, und gerade dieses Beispiel zeigt, wie unrichtig es ist, den Ausdruck „gesetzlicher Vertreter" weiter zu dehnen, als es sonst der Uebung entspricht. Ich glaube deshalb, daß für die zuletzt genannten Personen nicht nach § 278 gehaftet wird,[1]) wenn ich auch nicht verkenne, daß sich für die entgegengesetzte Ansicht beachtenswerte Gründe anführen lassen.

2. Ebenso wie das Verschulden seines gesetzlichen Vertreters macht den Schuldner das einer „Person, deren er sich zur Erfüllung seiner Verbindlichkeit bedient" schadensersatzpflichtig.

Wir wollen diese umständliche Bezeichnung in möglichster Anlehnung an sie unter Zusammenziehung ihrer beiden Hauptmerkmale durch das Wort „Erfüllungsdiener" ersetzen. Nußbaum spricht von „Hülfsperson" (ein Ausdruck, den — soviel ich sehe — das Reichsgericht geprägt hat: RG. Bd. 10 S. 166), merkt aber S. 1 Anm. 1 an, daß der Ausdruck „Gehülfe" vorzuziehen wäre; weil der jedoch schon anderweitig vergeben sei (das ist Nußbaums sehr subjektive Auffassung, die sofort widerlegt werden wird), müsse von seiner Anwendung abgesehen werden. Allein auch dieser ist nicht sehr glücklich, wie Wüstendörfer S. 6 und Hoffmann S. 146 ff. zugeben, die aber gleichwohl keinen bessern an seine Stelle setzen; denn entsprechend dem Sprachgebrauch wird dadurch die Vorstellung erweckt, daß nur der hieher gehöre, der in Verbindung mit dem Schuldner, und zwar ihm gegenüber in einer untergeordneten Stellung zur Erfüllung tätig wird, und daß ein „Helfen" wesentlich sei — was ganz falsch wäre. Dennoch ist in der Literatur die Bezeichnung „Hülfsperson" oder „Gehülfe"[2]), die beide oft abwechselnd gebraucht werden, fast allgemein angenommen. Nur Asmis, Cosack und Crome haben Neuschöpfungen versucht: Asmis spricht von „Erfüllungsgehülfen" — kein großer Fortschritt, da sichs ja vor allem darum handelt, das mißverständliche Wort Gehülfe zu vermeiden; Cosack S. 253 ff. gebraucht den Ausdruck „der Andere" (bezeichnenderweise immer mit Anführungszeichen!), der aber doch gar zu unbestimmt ist, als daß er befriedigen könnte; Crome S. 119 endlich nennt die in betracht kommende Person „Mittelmann"[3]), eine sprachliche Mißgeburt, an der nur Wenige Freude haben werden. — Erfüllungsdiener und gesetzliche Vertreter wollen wir als „Erfüllungsmittler" zusammenfassen: auch der gesetzliche Vertreter vermittelt ja für den Schuldner die Erfüllung von Verbindlichkeiten.

---

[1]) Etwas ganz andres ist die Frage, ob sie nicht im Einzelfall Erfüllungsdiener sind.

[2]) Wobei wieder die Einen unter Gehülfen nur die Personen des § 278, die Andern auch die Bestellten des § 831 verstehen.

[3]) Das OLG. Augsburg spricht in der im Recht 1903 S. 17 mitgeteilten Entscheidung etwas geschmackvoller von „Mittelperson", was schon Wyß S. 87 ff., Dolinski S. 15 und Mathis S. 22 getan hatten.

a) Es ist auffällig, daß sich der Gesetzgeber nicht damit begnügt hat, im allgemeinen Teil des Rechts der Schuldverhältnisse das Prinzip des § 278 aufzustellen, daß er vielmehr bei einzelnen seiner Anwendungsfälle im besondern Teil noch ausdrücklich darauf zurückweist und seine Konsequenz zieht. Das geschieht dem Sinne nach in § 701², soweit die Rede ist von „Leuten des Gastwirts, die zur Entgegennahme der eingebrachten Sachen bestellt waren"[1]) und in der letzten Alternative des § 702[2]); auch nach dem Wortlaut in § 664¹ᶜ (vgl. dazu §§ 27³, 86, 713, 2218) und § 691ᶜ. An sich wäre gegen diese — freilich recht überflüssigen[3]) — Wiederholungen nicht viel einzuwenden, wenn auch zu bedenken ist, daß sich ein Gesetz nicht mit Selbstverständlichem belasten sollte.[4]) Nun fehlt aber die Bezugnahme auf jene allgemeine Regel überall da, wo von Vertretungspflicht gehandelt wird, und wo nach der streng festgehaltnen Terminologie des bürgerlichen Gesetzbuchs, das scharf zwischen Verschulden und Vertreten unterscheidet (vgl. insbesondre Endemann S. 582), zweifellos auch ein Anwendungsfall des § 278 vorliegt. Hier, wo von der Entstehung einer Schadensersatzpflicht als Folge der Zurechnung fremden Verschuldens gehandelt wird, kommen davon in betracht die §§ 265ᵇ (wenn bei einer Alternativobligation die eine der Leistungen infolge eines Umstands unmöglich wird, den der nicht wahlberechtigte Schuldner zu vertreten hat, kann sich der Gläubiger gleichwohl für die unmögliche Leistung entscheiden, d. h. Schadensersatz verlangen), 280, 325¹ᵃ (falls der Berechtigte Schadensersatz wegen Nichterfüllung verlangt und nicht statt dessen vom Vertrage zurücktritt), 326¹ᶜ (vgl. dazu § 440¹), 538¹ (vgl. dazu § 541) und 635.[5]) Eine so verschiedne Behandlungsweise ist die reine Willkür.

Dazu kommt ein befremdender Wechsel im Ausdruck, der die Auslegung erschwert. Während § 278 von „Personen, deren sich der Schuldner zur Erfüllung seiner Verbindlichkeit bedient"

---

[1]) § 701 stellt einen Fall zeitweiliger Zurechnung fremden Verschuldens dar, weil die Haftung des Gastwirts auch dann eintritt, wenn den Schadenstifter ein Verschulden nicht trifft.

[2]) Die §§ 701, 702 sind deshalb zu § 278 zu stellen, weil der Wirt in dieser Strenge nur gegenüber dem „Gast" verantwortlich ist, also das Bestehen eines Schuld-, sogar eines Vertragsverhältnisses vorausgesetzt wird. Die genannten Paragraphen als besondre Art der „außerkontraktlichen Haftung" zu behandeln und mit § 831 in Verbindung zu bringen, wie Pfeiffer S. 57 es tut, ist um so unrichtiger, als bei § 701 durchaus nicht nötig ist, daß ein objektiver Tatbestand nach §§ 823—826 vorliegt, sondern die Tatsache der Verursachung genügt, um die Zurechnung zu begründen.

[3]) Mit vollem Recht nannte Laband (Arch. f. d. civ. Praxis Bd. 74, n. F. Bd. 24 S. 328) die Bestimmung des jetzigen § 664¹ᶜ überflüssig und verwirrend und verlangte die Streichung dieses Satzes. Die zweite Kommission behielt ihn jedoch „aus Zweckmäßigkeitsgründen" bei (Prot. Bd. II S. 355).

[4]) Es wäre gut gewesen, wenn sich nicht nur die Mitglieder der zweiten Kommission, sondern auch die Verfasser des ersten Entwurfs selbst an die Worte der Motive (Bd. II S. 30) erinnert hätten: „Durch die Vorschrift des § 224² [des jetzigen § 278] ist man der Notwendigkeit überhoben . . ., Spezialbestimmungen zu treffen".

[5]) Es handelt sich hier immer um zeitweilige Zurechnung.

und § 664¹ᶜ (ebenso § 691ᶜ) von „Gehülfen" spricht, redet der uns hier interessierende Fall des § 701² von „Leuten des Gastwirts, die zur Entgegennahme der [von den Gästen einzubringenden] Sachen bestellt waren", die letzte Alternative des § 702 von den „Leuten des Gastwirts" schlechthin. Muß aus diesem Unterschied in der Bezeichnung geschlossen werden, der Gesetzgeber habe drei verschiedne Personengruppen im Auge? Daß die Gehülfen der §§ 664¹ᶜ und 691ᶜ nicht identisch seien mit den Erfüllungsdienern des § 278, ist bereits behauptet worden (Nußbaum S. 69, Blau S. 15). Aber mit Unrecht. Denn einmal gebraucht das bürgerliche Gesetzbuch das Wort Gehülfe in Zusammenhängen, aus denen klar hervorgeht, daß es ihm als bestimmter technischer Ausdruck fremd ist (§§ 196 Ziffer 9, 456, 830², 2237 Ziffer 4); dann aber ist nicht einzusehen, welche von einem „Gehülfen" verschiedne Person Erfüllungsdiener sein kann.[1]) Nußbaum behauptet zwar, daß außer dem Gehülfen auch der Substitut unter § 278 falle; doch wird gleich zu zeigen sein, daß diese Ansicht unrichtig ist. Der Gesetzgeber, der das Prinzip für diese beiden Fälle ja einzig und allein aus Zweckmäßigkeitsgründen wiederholte (Prot. Bd. II S. 355, 395), wollt offenbar nur den langatmigen, schwerfälligen genauern Ausdruck vermeiden, den er aus § 278 als bekannt voraussetzen durfte. — Stellen aber vielleicht die §§ 701, 702 (insbesondre der zweite, da ja in § 701 eine Einschränkung beigefügt ist) in den „Leuten" des Gastwirts einen vom Erfüllungsdiener abweichenden Begriff auf? Keinesfalls darf man damit den alltäglichen Sinn verbinden, wonach dieses Wort das denkbar weiteste zur Bezeichnung eines Zugehörigkeitsverhältnisses ist, seis eines familienrechtlichen, seis eines obligationenrechtlichen.[2]) Vielmehr sind unter den Leuten eines Gewerbetreibenden nach der Definition des Reichsgerichts[3]) nur **die** Personen zu verstehen, „die innerhalb seines Gewerbebetriebes zur Vornahme gewisser Arbeiten angenommen, angestellt sind"; ihre Tätigkeit muß sich also in unserm Fall gerade auf die Erfüllung der aus dem Gastgewerbe hervorgehenden Verbindlichkeiten beziehen. Der Wirt

---

[1]) Man berufe sich nicht etwa auf die Worte der Motive Bd. II S. 29: „§ 224² [jetzt § 278] befaßt sich mit der Haftung des Schuldners für das Verschulden derjenigen Personen, deren er sich zur Erfüllung bedient, insbesondere mit der Haftung für Gehülfen." Denn wie aus dem darauffolgenden Satz hervorgeht, denken sich die Motive als Gegensatz den Stellvertreter, der im Einzelfall als Erfüllungsdiener tätig wird: dann ist er aber „Gehülfe" so gut wie jeder andre auch.

[2]) Das scheint Wendt S. 65 ff. zu tun. Ja, er geht sogar noch weiter: Der Mieter soll nicht nur vertreten, „was seine Angehörigen, Frau und Kinder und sonstige von ihm aufgenommene Verwandte, was sein Gesinde, was seine Gäste verschuldet haben" (S. 65), sondern er soll auch dann verantwortlich sein, wenn sein Nachbar, mit dem er in Feindschaft lebt, ihm die Fenster einwirft oder sonst das Mietobjekt beschädigt (S. 68)! Ist das nicht die nackte Veranlassungshaftung, die dem bürgerlichen Gesetzbuch so meilenfern liegt? Die beiden Pandektenstellen, das einzige, was Wendt zur Unterstützung dieser ungeheuerlichen Ansicht anführt, können für das geltende Recht nicht das Geringste beweisen.

[3]) RG. Bd. 7 S. 127 oben.

haftet deshalb gewiß nicht nach §§ 701, 702, wenn seine Stallmagd den Schaden angerichtet hat, die in dem Landwirtschaftsbetrieb beschäftigt ist, als dessen Nebengewerbe die Gastwirtschaft sich darstellt — ein auf dem Land sehr häufiger Fall; oder sein volljähriger Sohn, der mit dem Betrieb des väterlichen Gewerbes nichts zu tun hat, sondern sich etwa in Ferien bei den Eltern befindet.[1]) Die „Leute" der §§ 701, 702 sind nur solche Personen, deren sich der Gastwirt zur Erfüllung der aus seinem Gewerbe für ihn entspringenden Verbindlichkeiten bedient, d. h. sie sind identisch mit den Erfüllungsdienern des § 278. Daß der Gesetzgeber zwischen beiden keinen Unterschied machen wollte, geht auch klar aus den Motiven (Bd. II S. 30) hervor, wo gesagt wird, es erscheine gerechtfertigt, schlechthin die Haftung des Schuldners für das Verschulden seiner Leute zu bestimmen; gemeint sind die in dem jetzigen § 278 aufgeführten Personen.

Besser wär es aber jedenfalls gewesen, wenn das Gesetz den unjuristischen, weil unbestimmten Ausdruck Leute[2]) vermieden hätte, der nur den Vorzug der Kürze hat. Am besten wäre die unnötige Exemplifizierung des in § 278 ausgesprochnen Prinzipes sowohl auf den Herbergs- als auch den Auftrags- und Verwahrungsvertrag ganz weggeblieben.

b) Als Ausnahmen von diesem Prinzip bezeichnet man gern[3]) die Vorschriften der §§ 664^{1b} und 691^{b}. Mit Unrecht; denn sie haben mit § 278 nichts gemein. Sie handeln nicht vom Erfüllungsdiener; sie setzen im Gegenteil voraus, daß der Schuldner nicht selbst erfüllt, sondern statt dessen — befugt — die Erfüllung seiner Verbindlichkeit einem Andern überträgt, den man auch jetzt noch im Anschluß an die gemeinrechtliche Terminologie allgemein als Substituten bezeichnet.[4]) Nur Nußbaum (S. 68 ff.), dem Hoffmann (S. 150 ff.) folgt, glaubt von diesem Herkommen abweichen zu müssen. Er gibt dem von jeher als Substituten Gekennzeichneten die schwer verständliche Bezeichnung „Quasisubstitut" und versteht unter dem „eigentlichen Substituten" eine „Hülfsperson, welcher der Schuldner die Erfüllung seiner Verbindlichkeit ganz oder zu einem erheblichen, in sich eine abgeschlossene Leistung darstellenden Teil übertragen hat". Was mit dieser Unterscheidung gewonnen sein soll, kann ich nicht einsehen. Die Hauptsache ist, daß sichs um eine „Hülfsperson" handelt, daß demnach der von Nußbaum Substitut Genannte unter § 278 fällt; denn auch wenn

[1]) Daß Familienangehörige des Wirtes, die im Gewerbebetriebe wie Angestellte mitwirken, zu den „Leuten" gehören, worauf Oertmann I S. 436 besonders hinweist, versteht sich von selbst.

[2]) Er kommt im bürgerlichen Gesetzbuch nur in diesen beiden Paragraphen vor, findet sich aber schon im alten Handelsgesetzbuch, wie auch im neuen (§§ 431, 458!), wo er gleichfalls zu Zweifeln Anlaß gegeben hat.

[3]) Cosack S. 254 Anm. 23, Brückner S. 339, Nußbaum S. 69, Blau S. 15, 17. Offenbar auch Schollmeyer S. 105 und Kipp S. 93. Richtig dagegen Dernburg I S. 145 Anm. 1, Rehbein S. 106, Matthiaß S. 377.

[4]) Vgl. insbesondre Burchardi S. 26 ff., Conradi S. 3 f., 9 ff., Leonhard (Gutachten) S. 351, Abicht S. 5 ff. Für das neue Recht Endemann S. 498, Enneccerus I S. 480.

die Erfüllung „ganz" einem Andern überlassen ist, bleibt — falls nicht Substitution im gebräuchlichen Sinne vorliegt — der Schuldner trotzdem Schuldner, so daß also der Andre Erfüllungsdiener ist. Unter den Personen, von denen § 278 spricht, einzelne mit eigner Bezeichnung hervorzuheben, ohne daß für sie irgend eine materiellrechtliche Besonderheit nachgewiesen werden kann, ist zwecklose Polypragmasie; zu weit gehende Unterscheidungen fördern nicht, sondern verwirren.

Wo nun der Schuldner die Erfüllung seiner Verbindlichkeit befugt „übertragen" hat (Uebertragung ist der technische Ausdruck des bürgerlichen Gesetzbuchs), sind nur zwei Möglichkeiten denkbar. Entweder er hat die Uebertragung nicht gehörig vorgenommen: dann haftet er wegen eignen Verschuldens (culpa in eligendo), so daß dieser Fall für uns ausscheidet. Oder er hat dabei vorwurfsfrei gehandelt: dann hat er die ihm obliegende Verbindlichkeit vollständig erfüllt, das Schuldverhältnis ist erloschen, soweit er daran beteiligt war; wie kann er da noch auf Grund dieses Schuldverhältnisses haften?

Auch der zweite Satz des § 664 [1] und der des § 691 besagt also Selbstverständliches. Dem Gesetzgeber ist das sehr wohl zum Bewußtsein gekommen. In den Protokollen (Bd. II S. 355; S. 395 wird für die entsprechende Bestimmung des Verwahrungsvertrages darauf zurückverwiesen) ist die Darlegung eines Kommissionsmitglieds niedergelegt, „es sei selbstverständlich, daß der, dem es erlaubt sei, den ihm erteilten Auftrag durch einen Andern ausführen zu lassen, bereits mit der Annahme eines geeigneten Substituten seiner Verpflichtung Genüge leiste; das ergebe sich aus allgemeinen Rechtsgrundsätzen, sowie aus dem Inhalte des Vertrages". Die folgenden Ausführungen lassen ersehen, daß die Mehrheit der Kommission diese Anschauung billigte, und daß sie den Antrag auf Streichung der uns hier interessierenden Sätze nur deshalb ablehnte, weil sie das an sich Selbstverständliche und für alle Rechtsverhältnisse Zutreffende bei diesen beiden besonders wichtigen Verträgen noch eigens „außer Zweifel setzen wollte, daß nämlich die Substitution auf die Gefahr desjenigen gehe, der sie gestattet habe".

Wir müssen mithin daran festhalten, daß die §§ 664 [1b] und 691 [b] nur Anwendungsfälle eines im Gesetz nicht ausgesprochnen Prinzipes sind, und dürfen aus dessen ausdrücklicher Exemplifizierung in zwei Einzelfällen nicht etwa schließen, daß es bei den Rechtsverhältnissen anders sei, bei denen dieser ausdrückliche Hinweis auf das Prinzip fehlt. Freilich kann die Inkonsequenz, die darin liegt, daß seine Folgerungen das eine Mal gezogen werden, das andre Mal nicht, zu Bedenken Anlaß geben und hat ihn schon gegeben. Um so mehr, als auffälligerweise unter den Vorschriften über den Auftrag, die nach § 675 entsprechende Anwendung auf einen Dienst- oder Werkvertrag finden sollen, der eine Geschäftsbesorgung zum Gegenstand hat, § 664 nicht mit aufgeführt ist. Darauf allein gründet Neumann S. 149 seine von der unsern abweichende Meinung. Doch scheint er selbst vor den Ergebnissen seiner Ansicht zu erschrecken; denn er fügt sofort hinzu, daß es „natürlich" anders wäre, wenn die Substitution z. B. durch Anwaltszwang geboten sei: daß die Natur der Sache keine Begründung für diese gewiß nicht selbstverständliche Ausnahme ist, braucht nicht erst bemerkt zu werden. — Wir dürfen eben, wie gesagt, nicht vergessen, daß die Haftung des befugt Uebertragenden für mehr als ein bei der Uebertragung ihm zur Last fallendes Verschulden schlechthin in allen Rechtsverhältnissen ausgeschlossen ist: also auch beim Dienstvertrag. Daß die Partei im Anwaltprozeß für das Verschulden ihres Rechtsanwalts nicht verantwortlich ist,[1]) wenn ihr nicht Eigenverschulden [2]) nachgewiesen werden kann, ist keine Ausnahme, sondern die Folgerung aus jener allgemeinen Regel. Dies ist auch das einzige befriedigende Resultat; denn es ist nicht einzusehen, warum diese so verwandten Verhältnisse so verschieden behandelt werden sollten. Der Gläubiger hat es ja stets in der Hand, das Ausscheiden des Schuldners aus dem Obligationsverband zu verhindern: er verbiete die Substitution!

Was für uns die Hauptsache ist: Wer Gebrauch macht von seiner Befugnis, die Erfüllung der geschuldeten Leistung einem Dritten zu übertragen, haftet nur für eignes Verschulden, nicht für das des Dritten;[3]) alle diese Möglichkeiten kommen mithin für uns nicht in betracht.

c) Eine Kasuistik der von § 278 umfaßten Fälle zu geben, ist nicht möglich. Der Gesetzgeber hat mit gutem Bedacht einen außerordentlich weitgreifenden Ausdruck gewählt. So ist es völlig gleichgültig, ob der Erfüllungsdiener allein oder neben dem Schuldner die Leistung vollzieht; ob bereits ein Vertragsverhältnis besteht, das ihn zum Handeln verpflichtete (insbesondre ein Dienstvertrag)[4]), oder ob er wirtschaftlich selbständig ist; ob er auf Grund eignen, freien Willensentschlusses oder unter dem Zwang eines obrigkeitlichen Befehls[5]) tätig wird; ob er ein Entgelt erhält oder nicht; ob er zur Leistung niedriger oder höhrer Dienste zugezogen worden ist; ob er mit dem Bewußtsein handelt, eine Verbindlichkeit des Schuldners zu erfüllen, oder ob er von dieser gar nichts weiß; ob er allgemein zur Vornahme aller Handlungen von bestimmter Art ermächtigt ist, die in einem gewissen Wirkungskreis in Zukunft vorzunehmen sein werden, oder ob sich die Ermächtigung nur auf einzelne Handlungen bezieht — das

---

[1]) A. M. Crome S. 119 Anm. 17. — Vorausgesetzt wird, daß die Prozeßführung Erfüllung einer Verbindlichkeit ist, was z. B. bei Versicherungsverhältnissen zutreffen kann.

[2]) Es kann sich nur um ungenügende oder gar vorsätzlich falsche Instruktion handeln, nicht aber um ein Verschulden bei der Auswahl des Rechtsanwalts; denn ein solches ist ausgeschlossen, da ja der Staat selbst dafür garantiert, daß alle für die Uebertragung in betracht Kommenden auch geeignete Persönlichkeiten seien.

[3]) Das Gesetz macht davon nur eine einzige, später (unten § 8 I) zu besprechende Ausnahme: § 571.

[4]) Gleichgültig, ob ein bürgerlichrechtlicher oder ein öffentlichrechtlicher: Jur. Wochenschrift 1904 S. 6.

[5]) Es ist insbesondre an Strafgefangne oder Soldaten zu denken, die zu Arbeiten verwendet werden; vgl. auch Strafgesetzbuch § 360 Ziffer 10. Ebenso Nußbaum S. 71. A. M. Schütz S. 27, der darin eine Art culpa in eligendo zu erblicken scheint.

alles begründet keinen Unterschied. Immerhin aber ist nötig, daß sich der Schuldner des Andern „zur Erfüllung seiner Verbindlichkeit bedient". Darin liegt ein Dreifaches.

α) Zunächst wird verlangt, daß die Erfüllung einer Verbindlichkeit in Frage steht.[1]) Man sollte nicht glauben, daß deren Begriff Schwierigkeiten machen kann. Wenn wir uns gleichwohl auf seine Erörterung einlassen, geschieht das nur, um die Ausführungen Nußbaums (S. 54—65) zurückzuweisen: Nach ihm zerfallen die Verbindlichkeiten in echte und unechte, die beide durch den gemeinsamen Oberbegriff der Verpflichtung gedeckt würden. Die Unterscheidung zwischen Verpflichtung und (echter) Verbindlichkeit stützt er darauf, daß er behauptet, Leistung sei Uebertragung eines Gutes, d. h. eines Vorteils oder Wertes, der Gegenstand des Rechtsverkehrs ist, an eine Person; die Verpflichtung zu einem Handeln, das nicht Leistung sei, sei keine Verbindlichkeit; also erst recht nicht die Verpflichtung zu einem Verhalten, das sich nicht einmal als Handeln qualifizieren lasse. Nun ist aber die diesem Gedankengang zu Grund gelegte Definition der Leistung unvereinbar mit dem bürgerlichen Gesetzbuch, das in § 241 b mit klaren Worten ausspricht, daß die Leistung auch in einem Unterlassen bestehen könne.[2]) Sie hat also nicht nur die positive Seite, die Nußbaum allein sieht (ob er auch nur diese richtig definiert, braucht nicht untersucht zu werden), sondern auch eine negative; sie ist, da das Unterlassen zugleich ein Dulden in sich birgt, ein Begriff mit drei Kanten. Es mag dahingestellt bleiben, ob das Gesetz eine Verbindlichkeit in Nußbaums Sinn kennt; jedenfalls versteht es sehr oft da, wo es von Verbindlichkeit spricht, darunter auch die „unechte" Verbindlichkeit, um mit Nußbaum zu reden.[3]) Ein besonders schlagendes Beispiel aus dem Handelsgesetzbuch, das wir in Fragen der Terminologie sehr wohl heranziehen dürfen, da es ja gleichzeitig mit der Schöpfung des bürgerlichen Gesetzbuchs neu gestaltet wurde: Nach § 25 haftet, wer ein unter Lebenden erworbnes Handelsgeschäft ohne Aenderung der Firma fortführt, für alle im Geschäftsbetrieb begründeten „Verbindlichkeiten" des frühern Inhabers. Nach Nußbaum müßt ein Bankier, der in dieser Weise haftet, zwar für die Rückgewährung der Sachen verantwortlich gemacht werden, die — etwa durch Lombardgeschäft — in den Besitz seines Vorgängers gelangt sind, dagegen nicht für deren ordnungsmäßige Behandlung (das ist mit einer kleinen Modifikation Nußbaums eignes Beispiel auf S. 59); denn nur das erste ist eine

[1]) Vgl. dazu das Reichsgericht in der deutschen Juristenzeitung 1903 S. 105.

[2]) Auch der indirekte Beweis, den Nußbaum S. 55—58 für die Richtigkeit seiner Behauptungen — wenn ich ihn recht verstehe — daraus entnehmen will, daß das Gesetz „ausnahmsweise" in zwei Fällen „unechter" Verbindlichkeiten den Verpflichteten für Erfüllungsmittler einstehen lasse (§§ 254 und 351), beruht auf diesem falschen Leistungsbegriffe. Wir brauchen deshalb nicht weiter darauf einzugehen.

[3]) Auch das Reichsgericht hat von jeher beide Ausdrücke als ganz gleichbedeutend ohne Unterschied neben einander gebraucht.

„echte", das zweite ist bloß eine „unechte" Verbindlichkeit, und Verbindlichkeit schlechthin ist nach Nußbaum nur „Verpflichtung zur Leistung" (S. 52), d. h. nur „echte Verbindlichkeit" (S. 54). Wer möchte so etwas im Ernst behaupten? Das Gesetz kennt eben den Begriff der Verbindlichkeit als einen von der Verpflichtung verschiednen technischen Ausdruck nicht; es gebraucht beide Bezeichnungen regellos neben einander.

Die Ausführungen Nußbaums sind denn auch in der Literatur, soweit sie überhaupt einer Erwähnung gewürdigt wurden, durchgehend abgelehnt worden (abgesehen von den Dissertationen s. Oertmann I S. 39,[1]) Ramdohr, Blau S. 19). — Nach dem Gesagten brauchen wir nicht weiter auf die Folgerungen einzugehen, die er aus seinem Verbindlichkeitsbegriffe für § 278 zieht, und die er selbst als unbillig zu empfinden scheint (S. 60 unten, s. auch S. 64).

Um diesen richtig zu stellen: eine Verbindlichkeit ist immer dann gegeben, wenn jemand von einem Andern ein rechtlich bedeutsames Verhalten, eine Leistung im Sinn des bürgerlichen Gesetzbuchs (also ein Tun oder Unterlassen) auf Grund Vertrages oder Gesetzes fordern kann. Worin im einzelnen Falle die Verbindlichkeit besteht, und wie weit sie sich erstreckt, bestimmt sich nach den Vorschriften über das betreffende Rechtsverhältnis.[2]) Jedenfalls ist aber eine bloße Anstandspflicht keine Verbindlichkeit; dagegen wird eine Naturalobligation trotz des Mangels der Erzwingbarkeit als solche aufzufassen sein, da sie ein Forderungsrecht gibt, und da ihre rechtliche Wirksamkeit erst infolge einer Einrede des Beklagten versagt (ebenso Hoffmann S. 107, 216 f.; für die verjährte Forderung auch Nußbaum S. 52 Anm. 3). Die Verbindlichkeit muß durch das Verschulden des Zugezognen in irgend einer Weise alteriert worden sein: welcher Teil von ihr, ist gleichgültig. Es macht insbesondre keinen Unterschied, ob der Gläubiger dadurch geschädigt wurde, daß die Leistung überhaupt nicht, oder dadurch, daß sie nicht gehörig vorgenommen wurde; von den letztern Fällen sind namentlich die von Bedeutung, wo sichs um nicht rechtzeitige Erfüllung handelt, wo der Schuldner durch das Verschulden seiner Erfüllungsdiener in Verzug gekommen ist. Deshalb hat der Unternehmer dem Besteller allen Schaden zu ersetzen, der diesem daraus erwächst, daß infolge eines Streiks eine Verspätung der Leistung eintritt — falls auch wirklich ein Verschulden der Arbeiter (man denke insbesondre an Kontraktbruch) im Spiel ist (ähnlich Hoffmann S. 213, Abicht S. 51. A. M. Cosack Bd. I 3. Aufl.[3]) 1900 S. 244).

---

[1]) In seiner Rezension im Arch. für bürgerl. Recht Bd. 15 S. 451 nennt er Nußbaums Unterscheidung geistreich, setzt aber hinzu, daß sie schwerlich überzeuge.

[2]) Als besonders wichtig sei hervorgehoben, daß nach dem Ausspruch des Reichsgerichts die Verbindlichkeit der Eisenbahn aus dem Transportvertrag umfaßt, „den Reisenden einen sichern Ausgang aus dem Bahnhof zu gewähren": Jur. Wochenschrift 1903 Beilage S. 124.

[3]) In der neusten Auflage S. 255 fehlt dieser Passus.

β) Zur Erfüllung muß sich der Schuldner des Andern bedienen,[1]) d. h. das Handeln des Erfüllungsdieners muß dem Willen des Schuldners entsprechen. Ich hafte deshalb, wenn mir ein entliehener Gegenstand gestohlen wird, und der Dieb ihn beschädigt, nicht nach § 278. Dagegen ist der Dieb verantwortlich für das Verschulden dessen, durch den er mir, von Gewissensbedenken beunruhigt, die Sache zurückbringen läßt; ebenso haftet jeder Geschäftsführer ohne Auftrag für seine Leute (vgl. Oertmann I S. 39, Crome S. 119 Anm. 24). Es genügt dabei stets, um die Zurechnung aus § 278 zu begründen, daß der Schuldner der Tätigkeit des Erfüllungsdieners ein für allemal die Richtung gewiesen, daß er das Uhrwerk aufgezogen hat und es weiter laufen läßt: der Kaufmann, der sich nicht in jedem einzelnen Augenblick um die Verrichtungen eines jeden seiner Angestellten kümmern kann, muß gleichwohl für sie einstehen.

Wer dagegen ohne Willen oder gar ohne Wissen des Schuldners für ihn handelt, dessen kann sich dieser im allgemeinen nicht „bedienen". § 278 erkennt das auch mittelbar dadurch an, daß er die Haftung für den gesetzlichen Vertreter, die sich demnach aus der zweiten Alternative nicht ergibt, besonders festsetzt. Ebenso ists in den andern Fällen, in denen die Befugnis einer Person, für den Schuldner tätig zu werden, nicht dessen Willen entspringt, sondern auf einem davon abweichenden Titel beruht. Unzweifelhaft trifft dies zu für das Verhältnis zwischen Gemeinschuldner und Konkursverwalter, zwischen Erben und Testamentsvollstrecker. Bedenken erheben sich hinsichtlich der Stellung des Geschäftsführers ohne Auftrag. Fällt diesem bei der Erfüllung Verschulden zur Last, so macht Dernburg I S. 146[2]) den Schuldner, der ja die Einwirkung nicht gestattet habe, nicht verantwortlich; selbst dann nicht, wenn die Geschäftsführung nachträglich genehmigt wird. Ich halte das für unrichtig. Der Schuldner haftet, wie wir gesehen haben, weil und wenn die Geschäftsführung seinem Willen entsprach. Ob das der Fall war, ist Tatfrage; daß es der Fall war, kann nicht mehr zweifelhaft sein, sobald er sie durch die Genehmigung sanktioniert und als seinem Willen entsprechend bezeichnet hat. Es besteht mithin kein Anlaß, die Haftung in diesem Fall auszuschließen. Anders freilich, wenn die Genehmigung nicht erfolgt; es sei denn, daß die Voraussetzung des § 679 gegeben ist.

Mehr, als daß der Schuldner sich des Andern zur Erfüllung bedient, verlangt aber das Gesetz nicht. Insbesondre braucht er — im Gegensatz zu § 831 — nicht Geschäftsherr zu sein und zu bleiben; es genügt, daß der Erfüllungsdiener im allgemeinen seinem Willen gemäß tätig wird. Deshalb haftet der Händler dem Käufer für die Beschädigung, die den verkauften Waren auf der Eisenbahn während

---

[1]) Die von Burchardi S. 23 ff. eingehend erörterte Frage, ob eine bei Rechtsgeschäften mitwirkende Behörde Erfüllungsdiener ist oder sein kann, erledigt sich für uns im Hinblick auf EG. BGB. Art. 77.

[2]) Ebenso Crome S. 119; Asmis S. 3; Schütz S. 28; Redlich S. 47. Wohl auch Kipp S. 93 und Nußbaum S. 66.

der Fahrt nach dem Erfüllungsort zustößt, obwohl er auf die Beförderung und die Behandlung des Reiseguts gar keinen Einfluß hat.

γ) Endlich ist nötig, daß der Schuldner den Andern zur Erfüllung zuzieht. Es wird hier die Frage von Bedeutung, wie weit der Kreis der Erfüllungshandlungen reicht, und damit die Frage nach dem Inhalt der Verbindlichkeit.

Soweit diese auf nichts weiter als ein Tun geht, ist die Entscheidung leicht, da hier überhaupt nur eine einzige Erfüllungshandlung in betracht kommt; so kann z. B. kein Zweifel sein, daß der Unternehmer eines Werkvertrags dem Besteller gegenüber das Verschulden eines Gesellen zu vertreten hat, der das Werk vor der Abnahme zerstört. Ebensowenig geben die reinen Unterlassungsverbindlichkeiten zu Bedenken Anlaß: Der Ingenieur, der sich verpflichtet hat, die Betriebsgeheimnisse seiner Fabrik nicht zu verraten, kann einen Erfüllungsdiener zur Erfüllung dieser Verbindlichkeit höchstens dadurch beiziehen, daß er einem Andern das Geheimnis verrät; er haftet dann aber nicht, weil es dieser etwa gegen sein Versprechen weitersagt, sondern weil er selbst schuldhaft gehandelt hat; er haftet nicht wegen fremden, sondern wegen eignen Verschuldens.[1])

Dazwischen liegen aber sehr zweifelhafte Fälle. Denn bei den wichtigsten Schuldverhältnissen setzt sich die Verbindlichkeit sowohl aus positiven als aus negativen Pflichten zusammen. Das trifft immer dann zu, wenn sichs um die Leistung einer Sache handelt, durch deren Vollzug das Schuldverhältnis beendet wird, aber nicht erschöpft ist; wenn nämlich entweder nach der Natur des Schuldverhältnisses (z. B. bei der Leihe, Verwahrung und ähnl.) oder nach dem Parteiwillen (z. B. bei einem Kaufe, durch den der Käufer nicht den unmittelbaren Besitz erwirbt) schon vor der Uebergabe der Sache das Eigentum daran dem Gläubiger zusteht, während dem Schuldner das Recht auf ihren Besitz oder wenigstens die Befugnis zu ihrem Besitz zukommt. Im Hinblick auf die künftige Pflicht, den Leistungsgegenstand zu übergeben, gehört hier die Fürsorge für diesen zur Verbindlichkeit des Schuldners. Er hat für die gehörige Erhaltung zu sorgen, damit seinerzeit die Erfüllung möglich sei; er muß alle Maßnahmen treffen, die notwendig sind, wenn die endgültige Leistung soll erfolgen können, sobald sie fällig geworden ist: insofern befindet er sich in latenter Erfüllung. Diese Konservierungspflicht ist ein Teil seiner Verbindlichkeit, und zu ihrer Erfüllung kann er so gut, wie zur Erfüllung andrer Teile, einen Erfüllungsdiener zuziehen. Man könnte vielleicht geneigt sein, jeden, den er überhaupt nur in Beziehung zur Sache bringt, als solchen aufzufassen, weil er ihn dadurch in die Lage setzt, auf sie einzuwirken, also auch schädlich einzuwirken und so die

[1]) Das sei gegenüber Wendt S. 65 betont. Auch eine Unterlassung, „die im Kontrakt so gemeint ist, daß nicht bloß dem Schuldner persönlich die Zuwiderhandlung verboten ist“ (Wendt) kommt für uns nicht in betracht, weil hier die erweiterte Haftung — wenn auch vielleicht nur stillschweigend — eben vertragsmäßig übernommen ist.

Erfüllung zu vereiteln. Allein das ginge zu weit: nicht jeder, dem der Schuldner den Leistungsgegenstand bloß zeigt, wird damit Erfüllungsdiener; vielmehr ist erforderlich, daß der Andre eine irgendwie geartete Macht darüber erhält. Diese Voraussetzung ist immer dann gegeben, wenn er mit der Obhut über die Sache — ausdrücklich oder stillschweigend — vom Schuldner beauftragt ist, wies insbesondre bei Angestellten und Dienstboten, unter Umständen auch bei Familienangehörigen zutrifft; eine Einschränkung, die später zu besprechen ist (s. unten § 8 II), gilt freilich für ein sehr wichtiges Schuldverhältnis, für die Miete.

Soviel ist aber jedenfalls gewiß, daß der Erfüllungsdiener ist, dem nicht bloß eine solche tatsächliche Macht, eine qualifizierte Einwirkungsmöglichkeit, sondern ein wirkliches Recht auf den Besitz der zu leistenden Sache zusteht; so der, dem der Schuldner sie vermietet, verpachtet, geliehen, in Verwahrung gegeben hat (und zwar der dazu berechtigte Schuldner; sonst tritt ja Haftung wegen eignen Verschuldens ein!). Denn dadurch, daß dieser den unmittelbaren Besitz weggab, hat er sich zwar nicht jeder Möglichkeit der Obhut entäußert, aber er hat sie zu einem sehr erheblichen Teil auf den Andern übertragen und ihn insoweit zur Erfüllung seiner Verbindlichkeit beigezogen. Das ist denn auch die gemeine Meinung [1]), von der nur Nußbaum S. 60 f. abweicht; da seine Ausführungen stehen und fallen mit der von ihm aufgestellten Definition der Verbindlichkeit, die wir oben zurückgewiesen haben, brauchen wir hier nicht weiter darauf einzugehen.

III. 1. Nicht für alle schädigenden Handlungen schlechthin, sondern — wie das Gesetz ausdrücklich sagt — nur für das Verschulden des Erfüllungsmittlers hat der Schuldner einzustehen. Schuldhaft handelt aber, wem Vorsatz oder Fahrlässigkeit zur Last fällt; den Begriff der Fahrlässigkeit bestimmt § 276. Ob das Verschulden in einem obligationswidrigen Verhalten besteht, das die Erfüllung unmöglich macht oder beeinträchtigt, oder ob es den subjektiven Tatbestand einer unerlaubten Handlung im Sinn des bürgerlichen Gesetzbuchs darstellt, ist gleichgültig; das eine ist so gut Verschulden wie das andre.

Ebenso wie für den Begriff, sind für den Ausschluß des Verschuldens die allgemeinen Grundsätze maßgebend. Nach diesen kann eine schuldhafte Handlung nur begehen, wer zur Zeit ihrer Verübung Zurechnungsfähigkeit [2]) besaß, so daß in allen Fällen, wo diese fehlt, § 278 nicht zur Anwendung kommt.[3]) Soweit ein Zweifel überhaupt

---

[1]) Planck S. 51; Staudinger S. 41; Oertmann I S. 38; Schollmeyer S. 103; Kisch S. 105; Hoffmann S. 117; Asmis S. 62; Wertheimer S. 34; Redlich S. 49. Ebenso im Ergebnis Matthiaß S. 377.

[2]) Dieser Ausdruck ist nach dem Vorbild der strafrechtlichen Terminologie gebräuchlich; zutreffender wär es wohl, im Anschluß an die Ausdrucksweise des bürgerlichen Gesetzbuchs von Verantwortlichkeit zu reden.

[3]) Ebenso Staudinger S. 41; Schollmeyer S. 104; Crome S. 119; Matthiaß S. 377; Isay S. 378; Otto S. 678; Nußbaum S. 83; Hoff-

möglich sein sollte, wird er dadurch ausgeschlossen, daß § 276, auf den das Wort „Verschulden" verweist, die Vorschriften der §§ 827, 828 für entsprechend anwendbar erklärt. Ob sichs nicht empfohlen hätte, eine dem § 829 analoge Bestimmung für diesen Fall zu treffen, mag dahingestellt bleiben. — Die Unzurechnungsfähigkeit deckt sich fast immer mit der Geschäftsunfähigkeit; ist das ausnahmsweise anders, wird ein zurechnungsfähiger Geschäftsunfähiger (z. B. ein entmündigter Geisteskranker in einem lichten Augenblick) als Erfüllungsdiener verwendet, so bleibt es bei der Regel des § 278. Maßgebend ist die Zurechnungs-, nicht die Geschäftsfähigkeit.

Das Ergebnis lautet also mit unsrer Terminologie ausgedrückt: es handelt sich bei der Haftung aus § 278 immer um notwendige Zurechnung fremden Verschuldens.

Auf einem ganz andern Blatt steht es, ob nicht der Schuldner, wenn auch im Einzelfall § 278 mangels eines Verschuldens des Erfüllungsmittlers nicht Platz greift, dennoch wegen culpa in eligendo haftet: Wer mit der Erfüllung seiner Verbindlichkeit einen fünfjährigen Knaben betraut, muß im allgemeinen, sofern nicht ganz einfache Handlungen in Frage stehen, für den durch diesen angerichteten Schaden eintreten. Aber nicht gemäß § 278, sondern deshalb, weil er bei der Auswahl des Erfüllungsdieners die im Verkehr erforderliche Sorgfalt außer acht gelassen hat. Er haftet also wegen eignen Verschuldens, so daß diese Möglichkeit für uns nicht in betracht kommt. — Aus demselben Grund gehört auch der von Wertheimer S. 38 erörterte Fall nicht hieher, daß der Mittler deshalb den Schaden angestiftet hat, weil der Schuldner es unterließ, ihn über eigenartige Umstände zu belehren, die eine besondre Behandlung bedingen. Denn hier ist offenbar culpa in instruendo des Schuldners gegeben.

2. Muß auch auf Seite des Verantwortlichen Zurechnungs- oder Geschäftsfähigkeit vorliegen? Da § 278 die Fälle regelt, in denen dem Schuldner ohne eignes Verschulden fremdes zugerechnet wird, ist klar, daß für seine Haftung seine Zurechnungsfähigkeit, d. h. die Fähigkeit, schuldhaft unter Herbeiführung rechtlicher Folgen handeln zu können, ohne Bedeutung ist. Im Gegensatz zum Erfüllungsmittler kommt es bei ihm auf die Geschäftsfähigkeit an. Wir haben aber dabei die beiden Fälle des § 278 zu unterscheiden.

Ist der Schuldner eine gesetzlich vertretne Person, so wird er in vielen Fällen während der ganzen Tätigkeit des Schadenstifters geschäftsunfähig sein; jedenfalls ist es rechtlich vollkommen gleichgültig, ob er das ist oder nicht.

Anders beim Erfüllungsdiener. Dessen Handlungsmacht gründet sich auf den Willen des Schuldners, setzt also eine Willenserklärung, ein Rechtsgeschäft voraus. Der Schuldner muß mithin zum

mann S. 201; Wertheimer S. 38; Redlich S. 56. Mit Zweifeln dafür Neumann S. 149. A. M. Scherer S. 1314 („der Beklagte haftet im Falle des § 278 selbst für Zufall"); Buchka S. 70; Asmis S. 61, weil das sowohl dem Zweck als dem Prinzip des § 278 widerspreche.

mindesten in dem Augenblick geschäftsfähig gewesen sein, wo er dem Andern die Handlungsmacht erteilte; denn sonst ist dieser nicht Erfüllungsdiener, so daß für § 278 kein Raum ist. Doch wär es unrichtig, dem Wegfall der Geschäftsfähigkeit des Schuldners nach der Zuziehung alle Bedeutung abzusprechen, wies 'allgemein in der Literatur geschieht, soweit sie sich überhaupt mit dieser Frage befaßt.[1]) Denn das maßgebende Rechtsverhältnis ist immer entweder ein Auftrag oder ein auf eine Geschäftsbesorgung abzielender Werk- oder Dienstvertrag, auf den nach § 675 die entscheidende Bestimmung für den Auftrag — § 672 — entsprechende Anwendung findet. Nach dieser bleibt aber das Rechtsverhältnis dadurch, daß der Schuldner geschäftsunfähig wird, nicht schlechthin, sondern nur im Zweifel unberührt. Ergeben die Umstände, daß nach dem Parteiwillen im Einzelfall diese dispositive Vorschrift nicht Platz greifen soll, so endet die Eigenschaft des Erfüllungsdieners mit dem Eintritt der Geschäftsunfähigkeit oder, wenn die Voraussetzungen des zweiten Satzes vorliegen, mit dem Wegfall der durch Aufschub drohenden Gefahr. Mit diesem Augenblick hgt dann der bisherige Erfüllungsdiener seine Handlungsmacht verloren; kehrt er sich nicht daran, so kann ein Verschulden, das ihm bei der Erfüllung zur Last fällt, dem Schuldner höchstens nach den für die Geschäftsführung ohne Auftrag entwickelten Grundsätzen zugerechnet werden.

IV. Durch das Verschulden des Erfüllungsmittlers muß der Inhaber des persönlichen Anspruchs geschädigt worden sein, den § 278 voraussetzt (s. oben § 3 I), also der Gläubiger. Es ist das zwar im Gesetz nicht unmittelbar ausgesprochen, kommt aber deutlich genug dadurch zum Ausdruck, daß der Pflichtige als Schuldner bezeichnet wird; das notwendige Korrelat dazu ist der Gläubiger. § 278 begründet eine Verantwortlichkeit für fremdes Verschulden nur innerhalb von Schuldverhältnissen; darin liegt ja ein Hauptunterschied gegenüber der Zurechnung aus § 831 (s. unten § 16).

Verletzt sein muß gerade der Gläubiger, d. h. der, „dem gegenüber die von Schadenszufügung begleitete Handlung sich als Erfüllung einer Verbindlichkeit aus einem Schuldverhältnis darstellt" (OLG. Dresden).[2]) Deshalb ist die Ansicht von Schütz (S. 35) unrichtig, daß der Schuldner nach § 278 auch dann haftbar gemacht werden könne, wenn während der Ausführung der Verbindlichkeit ein Gehilfe den andern in demselben Abhängigkeitsverhältnis stehenden Gehilfen schädige.[3]) Denn der Verletzte ist hier nicht der Gläubiger, dessen Interessensphären die Erfüllungshandlung angehörte, zu deren Bewirkung der Schuldner den Schadenstifter beizog; er ist also gegenüber diesem

---

[1]) Cosack S. 255; Kisch S. 105 Anm. 25; Asmis S. 60; Wertheimer S. 31.

[2]) Seuff. Arch. Bd. 58 (N. F. Bd. 3) S. 55.

[3]) Auf Grund des Art. 1384 c. c. hat der Appellationsgerichtshof von Toulouse tatsächlich so entschieden (Jacques S. 85); ebenso offenbar auch das schweizer Bundesgericht in dem von Gysler S. 74 angeführten Urteil.

Schuldverhältnis, auf das es allein ankommt, ein Fremder. Wenn Schütz seine Ansicht konsequent durchführte, käm er zu den unhaltbarsten Ergebnissen: er müßte z. B. eine Straßenbahngesellschaft nach § 278 dafür haften lassen, daß ihr Darlehensgläubiger oder Aktionär durch das Verschulden eines Motorwagenführers überfahren wurde; der Geschädigte ist ja auch Gläubiger gegenüber der Gesellschaft!

Die Voraussetzung, die sonach in der Person des Verletzten vorliegen muß, bringt es mit sich, daß die Verwendung eines Mittlers zur Erfüllung einer öffentlichrechtlichen Pflicht nicht von § 278 getroffen wird. Denn gefordert und erzwungen werden kann sie nur von der Obrigkeit; diese ist also Gläubiger, wenn man den privatrechtlichen Begriff dabei überhaupt verwerten darf, keinesfalls der durch das Verschulden des Erfüllungsmittlers Geschädigte. Wenn ein Passant stürzt und sich schwer verletzt, weil der Hausmeister, dem der Hausherr die Verwaltung des Gebäudes und die Besorgung seiner Obliegenheiten übertragen hat, entgegen den polizeilichen Anordnungen unterließ, bei Glatteis Sand zu streuen, oder wenn jemand, spät des Abends einen Freund besuchend, in der Dunkelheit auf der steilen, nicht beleuchteten Stiege zu Fall kommt, ist der Hausherr dafür nicht nach § 278, sondern höchstens nach § 831 verantwortlich. — Ganz anders selbstverständlich, wenn im Einzelfall die öffentlichrechtliche Pflicht zugleich gegenüber einer bestimmten Person eine privatrechtliche war; wenn also nicht ein beliebiger Mensch, sondern gerade der Mieter, der eine Wohnung in dem betreffenden Haus inne hat, in dieser Weise beschädigt wird. Denn „der Vermieter ist dem Mieter gegenüber auf Grund des Mietvertrages verpflichtet, für Instandhaltung der Zugänge zum Grundstück zu sorgen" (Landgericht Dresden).[1]) Dabei sei aber hervorgehoben, daß der Vermieter in einem Schuldverhältnis „nur zu seinem Mieter selbst, nicht auch zu den die Mietwohnung teilenden Familienangehörigen desselben steht; denn läßt sich auch nicht bestreiten, daß der Hausvater beim Ermieten der Wohnung bewußt zugleich im Interesse der zu seinem Hausstande gehörigen Familienglieder handelt, soferne auch ihnen die Ausübung der vom Vermieter eingeräumten Vertragsrechte zum Vorteil gereicht, so verwirklicht er doch bei Begründung eines solchen Mietverhältnisses, soweit es eben auch den Seinigen zugute kommt, nur die Absicht, seiner Unterhaltspflicht gegen sie zu genügen und ihnen ein Unterkommen zu verschaffen, nicht aber die Absicht, ihnen auch ein selbständiges Vertragsrecht gegen den Vermieter zu verschaffen" (OLG. Dresden).[2])

---

[1]) Recht 1902 S. 100.
[2]) Seuff. Arch. Bd. 58 (N. F. Bd. 3) S. 55.

§ 4. b) Die Voraussetzungen in bezug auf die schädigende Handlung und ihr Verhältnis zur Erfüllung.

I. Daß die Rechtsverletzung, deren sich der Erfüllungsmittler schuldig machte, widerrechtlich erfolgt sein muß, daß also die Haftung des Schuldners durch alle Umstände ausgeschlossen wird, die die Rechtswidrigkeit der Handlung ausschließen, ist in § 278 ausdrücklich nicht gesagt. Es wird nur von Verschulden gesprochen. Nun decken sich allerdings die Begriffe des Verschuldens und der Widerrechtlichkeit nicht. Ein Tun kann widerrechtlich und doch nicht schuldhaft sein (z. B. der Diebstahl eines Unzurechnungsfähigen); ebenso ist auch umgekehrt eine schuldhafte, aber nicht widerrechtliche Handlung möglich (z. B. der in Notwehr Befindliche hat den Angriff verschuldet). Aber es wird bestimmt, daß der Schuldner das Verschulden seines Erfüllungsmittlers nicht in weiterm Umfang zu vertreten habe, wie eignes Verschulden; er selbst ist aber für eine Handlung — auch eine schuldhafte Handlung — nicht verantwortlich, wenn ihr nach den allgemeinen Grundsätzen die Widerrechtlichkeit fehlt. Daraus folgt, daß wir diese auch für das zurechenbare Verhalten des Mittlers fordern müssen (vgl. Reichsgericht in Seuff. Arch. Bd. 45 (N. F. Bd. 15) S. 139 f. A. M. Isay S. 378).

II. Von welchem Zeitpunkt an die schuldhaft schädigende Handlung des Mittlers Wirkungen gegen den Schuldner äußert, ist bestritten. Nach der einen Ansicht genügt Schädigung auch bei einer bloßen Vorbereitungshandlung zur Erfüllung (Hauptfall ist der Abschluß eines Vertrages), nach der andern muß sie sich auf diese selbst beziehen. Um richtig zu gehen, haben wir die Haftung für den gesetzlichen Vertreter und die für den Erfüllungsdiener auseinanderzuhalten.

1. Für den zweiten gibt eine Interpretation des § 278 befriedigende Antwort: Schuldner ist jeder, der zu einem Andern in einem Verhältnis steht, demzufolge er sich dessen rechtlichem Wollen in gewissen Beziehungen unterwerfen muß; wo wir von einem Schuldner sprechen, ist also vorausgesetzt, daß bereits ein Schuldverhältnis vorhanden sei. Liegt noch keines vor, so findet mithin § 278 keine Anwendung. Folglich kann sich diese Bestimmung auf Verschulden des Erfüllungsdieners bei Abschluß eines Vertrages nicht beziehen. Man darf auch wohl auf die systematische Stellung des § 278 hinweisen, der seinen Platz mitten unter den Vorschriften über die Unmöglichkeit der Leistung und noch dazu unter der Rubrik „Verpflichtung zur Leistung" gefunden hat. Aus alldem ist zu entnehmen, daß der Schuldner nicht haftet für ein Verschulden, das dem Erfüllungsdiener bei der Vornahme einer Vorbereitungshandlung zur Last fällt.[1])

---

[1]) Ebenso das Reichsgericht: RG. Bd. 49 S. 29; Deutsche Jur.-Ztg. 1903 S. 549, 1904 S. 68 Anm. 1; Jur. Wochenschrift 1904 Beilage S. 6. Offenbar auch das OLG. Kiel, Rechtsprechung der Oberlandesgerichte Bd. 4 S. 48. Ferner: Staudinger S. 40; Oertmann S. 38; Schollmeyer S. 104; Dernburg I

Etwas ganz andres ist es, wenn der Gegenstand der Verbindlichkeit gerade Eingehung eines (neuen) Schuldverhältnisses ist, wenn sich z. B. jemand obligatorisch verpflichtet hat, sein Grundstück einem Andern zu verkaufen. Der, den er zur Erfüllung dieser Verbindlichkeit zuzieht, ist Erfüllungsdiener im Sinn des § 278, kann es jedenfalls sein. Aber nicht, weil sichs um die Eingehung eines neuen Schuldverhältnisses, sondern weil sichs um die Ausführung des bereits geschloßnen pactum de contrahendo handelt.

Der Begriff der Vorbereitungshandlung greift sehr weit. Er umfaßt alle Tätigkeiten, die um der Erfüllung willen geschehen, sie ermöglichen sollen, die sie aber nicht schon für sich ins Leben rufen. Es ist deshalb überflüssig, wie Nußbaum S. 67 es tut, die Handlungen auszuscheiden, „die nur eine Bedingung der Schulderfüllung verwirklichen und nicht an der Realisierung des Enderfolges unmittelbar Anteil nehmen", z. B. die Tätigkeit des Rohstoffproduzenten, von dem der Fabrikant das Material zur Ausführung einer Bestellung bezieht. Auch das sind Vorbereitungshandlungen ohne besondre Eigentümlichkeit. Die Folgerungen, die Nußbaum aus seiner Unterscheidung für den Gesellschaftsvertrag zieht, können nicht anerkannt werden; denn es ist nicht einzusehen, warum ein Sozius seiner Verbindlichkeit gegenüber den andern Gesellschaftern, zur Erreichung des gemeinschaftlichen Zwecks mitzuwirken, „natürlich" nur allein, nicht auch unter Verwendung von Erfüllungsdienern soll genügen können.

Wie sich Vorbereitungs- und Erfüllungshandlung abgrenzen, kann nur für den einzelnen Fall entschieden werden; eine allgemeine Regel läßt sich darüber nicht aufstellen.

2. Für die Verantwortlichkeit des gesetzlich Vertretnen ist das Ergebnis im Hinblick auf § 164¹ᵃ ein andres. Denn es ist zweifellos, daß unter den dort genannten Vertretern sowohl der gewillkürte (der Bevollmächtigte), als auch der gesetzliche zu verstehen ist. Mit Rücksicht darauf ergibt sich eine Erweiterung des § 278, soweit er vom gesetzlichen Vertreter spricht, auf den freilich an sich die soeben entwickelten Sätze gleichfalls Anwendung finden.[1]) Hat der gesetzliche Vertreter den

S. 146; Endemann S. 499 Anm. 9; Crome S. 117 unten; Kuhlenbeck S. 63; Fischer-Henle S. 155; Liszt S. 105; Kisch S. 105; Nußbaum S. 65; Hoffmann S. 106; Blau S. 21; Redlich S. 44 f.; Schütz S. 22, der freilich auf S. 75—79 das gerade Gegenteil sagt, indem er ausführt, daß der „präsumtive Schuldner", der sich infolge seines Geschäftsbetriebes in einer den Regeln des Verkehrs entsprechenden „Kontrahierungsbereitschaft" befinde und sich hierzu der Mitwirkung eines Gehilfen bediene, für dessen Verschulden nach § 278 verantwortlich sei: Die Kontrahierungsbereitschaft ist aber doch nie und nimmer eine Verbindlichkeit! — A. M. das Reichsoberhandelsgericht Bd. 6 S. 405; das Reichsgericht RG. Bd. 12 S. 112 und Bd. 43 S. 147 (= Seuff. Arch. Bd. 54 Nr. 169), wo es sehr kategorisch ohne Angabe eines Grundes heißt, daß der Ausdehnung auf die Mitwirkung von Gehilfen beim Vertragsabschluß „nichts im Wege stehe"; Cosack S. 255; Matthiaß S. 377 mit der erstaunlich äußerlichen Begründung, daß sich Vorbereitung der Erfüllung und Erfüllung selbst schwer scheiden ließen; Meisner S. 25; Asmis S. 3 und 58.

[1]) Gesetzestechnisch ist eine so verstreute Behandlung zusammengehöriger Dinge nicht zu rechtfertigen.

Gegenkontrahenten durch eine Willenserklärung schuldhaft geschädigt, so wirkt sie auch dann unmittelbar gegen den Vertretnen, wenn sie bei einer Vorbereitungshandlung abgegeben wurde. Damit ist aber nicht ausgesprochen, daß dieser schrankenlos für alles Verschulden verantwortlich ist, das dem Vertreter bei der Vornahme der Vorbereitungshandlung zur Last fällt; vielmehr muß sichs nach den klaren Worten des Gesetzes um eine rechtsgeschäftliche Willenserklärung handeln. Der Vertretne haftet also für den Betrug oder den Firmenmißbrauch seines gesetzlichen Vertreters; dagegen kann er nicht in Anspruch genommen werden, wenn dieser mit der andern Partei bei den Unterhandlungen in Streit gerät und sich einer Körperverletzung schuldig macht. — Die herrschende Meinung behandelt den gesetzlichen Vertreter in dieser Hinsicht wie den Erfüllungsdiener.

III. Besonders wichtig und besonders umstritten ist die Frage, inwieweit Kausalität zwischen der Zuziehung des Erfüllungsmittlers und der schädigenden Tat gegeben sein muß: Ist Verschulden des Mittlers gerade in Ausführung der geschuldeten Leistung nötig, oder genügt solches bei Gelegenheit dieser Ausführung?

1. § 278 schweigt sich darüber völlig aus. Dieses Schweigen als Beweis für die erste Anschauung aufzufassen, ist zum mindesten sehr willkürlich. In dem verwandten Fall des § 831 (vgl. auch § 31, HGB. § 431 u. a.) hat der Gesetzgeber die Forderung, daß das Verschulden des Täters in Ausführung der ihm übertragnen Funktionen erfolgt sein müsse, ausdrücklich ausgesprochen; warum nicht auch in § 278, wenn er hier dieselbe Beschränkung gewollt hätte?

Aber nicht nur aus dem Gegensatz zu ähnlichen Gesetzesbestimmungen folgt die Richtigkeit der extensiven Auslegung, sondern auch aus der Entstehungsgeschichte des § 278, worauf zuerst Rümelin I S. 88 hingewiesen hat. Während § 224 des ersten Entwurfs den Schuldner nur „in Ansehung der Erfüllung" haften ließ, hat der zweite Entwurf und mit ihm das Gesetz diese einschränkenden Worte nicht aufgenommen und sich damit deutlich genug für die Ausdehnung der Zurechnung auf jeden aus Anlaß der Ausführung verursachten Schaden ausgesprochen. Um so deutlicher, als der 17. deutsche Juristentag 1884 den Antrag angenommen hatte: „In obligatorischen Verhältnissen haftet der Arbeitgeber für jedes von seinen Leuten in Ausführung der ihnen aufgetragenen Verrichtungen begangene Verschulden" (Verhandlungen Bd. II S. 137). Der Gesetzgeber mußte diesen mit Rücksicht auf das zu schaffende Gesetz ausgesprochnen Wunsch der Vertreter von Wissenschaft und Praxis kennen; hätt er ihn erfüllen wollen, so ist nicht einzusehen, warum er die Worte, die ihm entsprachen, zuletzt noch restlos gestrichen hat. — Man darf sich nicht darauf versteifen (wie Wertheimer S. 41 tut), daß die Materialien keinen Grund für diese Streichung angeben. Wer daraus folgern will, daß deshalb aus der Aenderung des Wortlauts nicht auf eine Aenderung des Inhalts geschlossen werden dürfe, müßte das doch erst beweisen; ihn trifft jedenfalls die Beweislast, da gewiß zugegeben werden muß, daß eine Aenderung des Gesetzestextes im Zweifel eine materielle Aenderung sein soll.

Nußbaums (S. 74 ff.) und Wüstendörfers (S. 4 f.) Einwände haben mich nicht überzeugt. Denn beide kommen nicht darüber weg, daß die sehr bedeutsamen Worte „in Ansehung der Erfüllung“ gestrichen wurden. Unbegreiflich ist es mir, wenn Wüstendörfer sich auf die Motive beruft, die sich doch auf den Entwurf, nicht auf die endgültige Fassung des Gesetzes beziehen, oder wenn er gar anführt, daß der erste Entwurf eine seiner Anschauung entsprechende Formulierung geboten habe: maßgebend kann für die Auslegung nur das Gesetz sein, das die ausschlaggebenden Worte eben ausgeschlossen hat. Die von Nußbaum (S. 75 ff.) angeführten Analogieen halt ich für wertlos. Was vermag die gemeinrechtliche Gepflogenheit und die Tendenz der Bestimmungen früherer Gesetze [1]) gegenüber dem — wenn auch nur indirekt ausgesprochnen — Willen des bürgerlichen Gesetzbuchs zu beweisen? Daß dieses „sich bemühe, der bisherigen Gesetzgebung und Rechtsprechung grundsätzlich zu folgen“ (S. 75), ist kaum ein Grundsatz und jedenfalls in sehr vielen Fällen unrichtig; daß es im einzelnen Fall zutrifft, müßt erst für den einzelnen Fall bewiesen werden. Wie Nußbaum zu dem Glauben kommt, er könne seine Ansicht stützen durch Hinweis auf Gesetzesbestimmungen mit der einschränkenden Tendenz, die er auch für § 278 verficht, versteh ich nicht: gerade aus dem Gegensatz zu diesen folgt die Hinfälligkeit seiner Behauptung! Auch Wüstendörfers weitrer Einwand, den Oertmann I S. 38 aufgenommen hat, kann nicht durchschlagen: § 278 steh unter den Vorschriften über die Unmöglichkeit der Leistung, das „Verschulden“ sei also so gemeint, daß es die Möglichkeit ordnungsmäßiger Leistung verhindre. Diese wird ja in völlig gleicher Weise unmöglich gemacht, ob nun die schuldhafte Schädigung bei Gelegenheit der Ausführung oder in Ausführung der Erfüllungshandlung erfolgte.

Man bedenke zudem: Die entgegengesetzte Ansicht führt, wie Nußbaum, ihr geistiger Vater, selbst anerkennt (S. 79; nur aus rein praktischen Erwägungen, aus Rücksicht auf die Billigkeit befürwortet er eine Einschränkung dieser theoretisch zwingenden Folgerung), und wies auch Conradi S. 6 f., Mathis S. 58 und (mit einer geringfügigen Ausnahme) Wertheimer S. 50 [2]) aussprechen [3]), zum Ausschluß der Haftung für Vorsatz des Erfüllungsmittlers. Denn indem er den Dolus faßt, beschließt er ja gerade, die Ausführung der Erfüllungshandlung in der Art, wie sie ihm aufgetragen ist, aufzugeben und gegen den Willen des Schuldners tätig zu werden, etwas andres

[1]) Vgl. übrigens dazu Hoffmann S. 192 ff., der diese Analogieen nicht anerkennt. Für uns besteht kein Anlaß näher darauf einzugehen.

[2]) Für § 278 will ers allerdings nicht anerkennen, obwohl er doch behauptet, daß auch hier nur für den in Ausführung der Verrichtung gestifteten Schaden gehaftet werde — eine unverständliche Inkonsequenz.

[3]) Offenbar auch Staub S. 232 und Mittelstein S. 145; vgl. auch Merkel I S. 196, Pfeiffer S. 36, Mayer S. 135.

zu wollen als der; wie kann er sich da noch in Ausführung der Erfüllung befinden? Und wenn wirklich diese Voraussetzung für den Begriff des Mittlers notwendig ist, hat er folglich seine Eigenschaft als solcher verloren. — Der zweite Satz des § 278 bestimmt aber, die Verantwortlichkeit für Vorsatz des Erfüllungsmittlers könn im voraus ausgeschlossen werden, rechnet also mit der Möglichkeit, daß für Vorsatz gehaftet wird; daraus geht klar hervor, daß das Gesetz die Zurechnung von Dolus des Mittlers kennt, ja sogar für das Normale hält. Es hat somit jene unabweisliche Konsequenz der einschränkenden Auslegung und damit diese selbst abgelehnt.

Schließlich sei noch auf § 549² verwiesen, der zwar insofern eine Ausnahme des § 278 enthält, als er den Kreis der Erfüllungsdiener eines Mieters gegenüber dem Regelfall enger zieht, der aber im übrigen unbestreitbar ein Anwendungsfall des Prinzipes ist. Da an dieser Stelle jene Ausnahme nicht in betracht kommt, dürfen wir ihn sehr wohl verwerten. Er ist, soweit er uns hier interessiert, eine für den Mietvertrag noch eigens gezogne Folgerung des § 278; sollte sich ergeben, daß er für unsre Ansicht spricht, so wär also ein neuer Zeuge ihrer Richtigkeit gewonnen. Erfüllungsdiener ist in diesem speziellen Fall der, dem der Mieter den Gebrauch der Mietsache überlassen hat; Erfüllungshandlung ist deren Gebrauch. Nun bestimmt das Gesetz, der Mieter hab ein dem Gebrauchszessionar bei dem Gebrauche zur Last fallendes Verschulden zu vertreten. Man frage das Sprachgefühl. Wenn jemand sagt, er hätte beim Baden seine Uhr verloren, meint er damit selbstverständlich nicht, daß dies geschehen sei, während er sich im Wasser befunden habe; er bezeichnet vielmehr als Zeit des Verlustes die von dem Augenblick an, wo er das Bad betrat, bis zu dem, wo ers verließ. Beim Baden heißt also nicht: in Ausführung der Zweckhandlung (des Badens), sondern: bei Gelegenheit dieser Ausführung. Folglich ist „beim Gebrauche“ gleichbedeutend mit „gelegentlich des Gebrauches“. Hätte der Gesetzgeber die andre Möglichkeit anerkennen wollen, so hätt er gesagt: durch den Gebrauch. — Zusammen mit den oben angeführten Gründen zeigt diese grammatikalische Interpretation deutlich genug, daß unsre Auslegung die richtige ist.

2. Freilich wird sie von der überwiegend herrschenden Meinung unbedingt verworfen.[1]) Man macht namentlich geltend, daß sie zu

[1]) Abgesehen von Nußbaum und Wüstendörfer: Oertmann I S. 38; Schollmeyer S. 104; Rehbein S. 107; Fischer-Henle S. 155; Dernburg I S. 145, 146; Cosack S. 255; Staub S. 232; Mittelstein S. 145; Brückner S. 339; Asmis S. 62; Schütz S. 22, 31; Blau S. 24 ff.; Redlich S. 51 ff. Enneccerus I S. 479, Isay S. 405 und Wertheimer S. 40 ff. kommen zu demselben Ergebnis von ihren später zurückzuweisenden Theorieen aus. Wenn Cosack S. 255 Anm. 25 die Entscheidung des Reichsgerichts RG. Bd. 49 S. 27 für seine Anschauung in Anspruch nehmen will, so ist das ganz unbegründet; denn dort ist weiter nichts gesagt, als daß ein Notar für Versehen seines Bureauvorstehers nur dann nach § 278 verantwortlich ist, wenn zwischen dem Dritten und dem Notar auch wirklich ein Dienst-

Entscheidungen führe, die mit dem Rechtsgefühl unvereinbar seien. Nun ist gewiß anzuerkennen, daß die hier vertretne Anschauung sehr bedenklich wäre, wenn wirklich all die unerquicklichen Konsequenzen aus ihr gezogen werden müßten, die man ihr anzuhängen pflegt, und daß man mit Rücksicht darauf leicht geneigt sein könnte, sich für die Gegenansicht trotz ihrer schlechten theoretischen Grundlage zu entscheiden; gerade solchen praktischen Erwägungen scheint diese auch hauptsächlich ihre Anhänger zu verdanken. Allerdings hat sich eine sonst sehr beachtenswerte Stimme erhoben, die jene von Andern so stark — und mit Recht — angefochtnen angeblichen Folgerungen unsrer Auffassung verteidigt und als dem Bedürfnis des Lebens entsprechend bezeichnet. Es ist Liszt,[1]) der ausführt (S. 104 Anm. 6), „wenn ich mit einem Handwerker einen Vertrag über eine in meiner Wohnung vorzunehmende Arbeit schlösse, müsse ich diesem und seinem Hilfspersonal meine Räume öffnen; er müsse daher dafür aufkommen, daß er mir nur ehrliche Leute schicke." Allein Liszt stellt sich dabei einseitig auf den Standpunkt des Privaten und vergißt, daß auch der Geschäftsmann Gerechtigkeit möchte. Dem mutet er aber eine Allwissenheit zu, die man vernünftigerweise nicht von ihm verlangen kann.

Beispiele, aus denen sich die Unhaltbarkeit der Lisztschen Meinung schlagend ergibt, lassen sich leicht bilden. Aus der Literatur seien zwei hervorgehoben, die beständig, von einem Schriftsteller auf den andern sich vererbend, als Popanz gegen eine irgendwie beträchtliche Ausdehnung der Haftung zur Schau gestellt werden, und von denen sich namentlich das erste einer unverkennbaren Beliebtheit erfreut (als letzter hat es wieder Rönnberg verwertet). Beide Fälle sind der französischen Praxis entnommen. Diese ließ einen Gutsherrn, der sich erboten hatte, mit seinem Wagen ein Mädchen von der Bahn abholen zu lassen, für den tort moral haften, der dem Mädchen daraus entstand, daß der Kutscher es unterwegs vergewaltigte. Ebenso wurde der Dienstherr für den Diebstahl verantwortlich gemacht, den sein Dienstmädchen in einem fremden Haus verübte, in das er sie zur Ausrichtung einer Bestellung geschickt hatte (anzunehmen ist, daß eine Verbindlichkeit zu deren Besorgung für ihn bestand). Daß die erste Entscheidung und ohne weitre Tatsachen auch die zweite dem deutschen Rechtsbewußtsein widerspricht, wird selbst Liszt nicht bestreiten wollen.

Wie gesagt, würd ich das oben gewonnene theoretische Ergebnis für sehr bedenklich halten, wenn es derart unbefriedigende Lösungen praktischer Fälle wirklich bedingte und sich so als innerlich ungesund erwiese. Daß es aber zu den Konsequenzen, die man ihm nachsagt, in Wahrheit nicht führt, soll im Folgenden bewiesen werden.

---

vertrag zu Stande kam. — Ebenso wie im Text Matthiaß S. 377; Rümelin I S. 88; Liszt S. 103 Anm. 6; Kuhlenbeck S. 62; Bendix S. 286; Pfeiffer S. 58; offenbar auch Endemann S. 501 Anm. 17. De lege ferenda aus allgemeinen Gründen dafür Mataja S. 82 f.; von seiner Theorie aus Hoffmann S. 169 ff.

[1]) Isay S. 405 erklärt seinen Gedankengang für „berechtigt".

Man hat diesen Beweis aus § 278 selbst zu führen gesucht (Rönnberg S. 350, ähnlich offenbar Rehbein S. 107 oben), indem man geltend machte, der Schuldner habe das fremde Verschulden nicht in weiterm Umfang zu vertreten wie eignes, und behauptete, in betracht komme dabei nur seine eigne Haftung aus dem Obligationsverhältnis; aus dem Werkvertrage könn aber der Fuhrherr, um das angeführte Beispiel beizubehalten, für eine von ihm an einem weiblichen Fahrgast begangne Notzucht nicht haftbar gemacht werden. Das letzte ist gewiß. Aber mit welchem Recht darf angenommen werden, daß unter dem „eigenen Verschulden" nur schuldhafte Verletzung der Vertragspflicht zu verstehen sei? Das Gesetz spricht von Verschulden schlechthin. Maßgebend ist, ob der Schuldner verantwortlich wäre, wenn er selbst, nicht sein Erfüllungsmittler die schädigende Handlung vorgenommen hätte. Das wär aber unzweifelhaft der Fall, wenn er das Mädchen gefahren und bei dieser Gelegenheit vergewaltigt hätte; allerdings nicht aus dem Werkvertrag, wohl aber ex delicto. Folglich müßte man ihn doch für das Verbrechen des Kutschers haften lassen.

Die Grenzen liegen anderswo. Sie sind nicht der Zurechnung fremden Verschuldens eigentümlich, sondern ergeben sich aus den allgemeinen Vorschriften:[1]) aus dem Erfordernis des Kausalzusammenhanges. Ursache des entstandnen Schadens dürfen nur die Tatsache der Zuziehung des Erfüllungsmittlers und sein Verschulden sein; sobald in der Kausalitätskette ein drittes Glied erscheint — insbesondre das eigne Verschulden des Gläubigers —, ist der nötige Zusammenhang wenn nicht unterbrochen, so doch gestört. Darin liegt aber für die praktisch wichtigsten Fälle eine Beschränkung der Haftung auf ein für das Leben sehr wohl erträgliches Maß. Zugleich ist daraus zu ersehen, wie falsch das von Liszt angeführte Beispiel ist: Wenn ich einen fremden Handwerker in meine Räume zur Vornahme einer Reparatur einlasse, fordert die vernünftige Verkehrsanschauung von mir, daß ich ihn überwache und nicht aus den Augen lasse, falls für ihn nach den Umständen die Versuchung nahe liegt, eine mich schädigende Handlung, insbesondre einen Diebstahl, zu begehen; tu ich das nicht, so hab ich die im Verkehr erforderliche Sorgfalt außer acht gelassen, es fällt mir mithin nach § 276 Fahrlässigkeit zur Last. Erlitt ich durch den Handwerker einen Schaden, den Beaufsichtigung hätt abwenden können, so ist dessen Ursache mindestens ebenso sehr dieses mein Verschulden als die Zuziehung des Erfüllungsmittlers. Auf die im Strafrecht hoffnungslos bestrittne Frage, inwieweit eine Unterlassung (um eine solche wird sichs fast immer handeln) kausal sein kann, brauchen wir dabei für das bürgerliche Gesetzbuch nicht einzugehen, nachdem nicht zu bezweifeln

---

[1]) Das sei namentlich auch gegenüber Rümelin I S. 88 unten und Hoffmann S. 172 ff. betont, die gleichfalls aus § 278 selbst die Grenzen seiner Anwendungsmöglichkeit entnehmen zu können glauben. Ihre Argumentation muß um so entschiedner zurückgewiesen werden, als sie sich nur auf die Folgerungen des Prinzips versteifen, das nach ihrer irrigen Ansicht dem § 278 zu Grunde liegen soll (s. unten § 7 II 1).

ist, daß sich Nichtbeobachtung der gebotnen Sorgfalt als Verschulden darstellt, und daß für alle Rechtsverhältnisse bei Konkurrenz des Verschuldens § 254 zur Anwendung kommt. Danach wird man aber gewiß sagen können, daß in unserm Fall der Gläubiger den Schaden durch überwiegendes Verschulden verursacht hat, [1]) und wird demgemäß die Schadensersatzpflicht des Schuldners auf ein ganz geringes Maß beschränken, möglicherweise völlig verneinen.

Allein man muß noch weiter gehen: nicht nur das Eigenverschulden des Gläubigers, sondern jeder Vorgang, der „nur infolge außergewöhnlicher Umstände zu einer Bedingung des Schadens wurde" (Enneccerus I S. 406), bricht oder schwächt nach den allgemeinen Grundsätzen den Kausalzusammenhang, der den Schaden zurechenbar macht.[2]) Das Reichsgericht hat erst jüngst wieder für den Fall einer Körperverletzung entschieden[3]), „daß der ursächliche Zusammenhang zwischen dem schuldhaften Verhalten und dem eingetretenen Schaden zu verneinen sei, wenn der Eintritt von Fremdkörpern, der die schweren Folgen einer an sich ganz geringfügigen Wunde verursacht hatte, durch ein besonderes außerhalb des natürlichen Verlaufes der Dinge liegendes Ereignis herbeigeführt worden wäre, indem dann dieses Ereignis als die eigentliche Ursache des schädlichen Erfolges zu gelten hätte".[4]) Von diesem Standpunkt aus ist die Haftung des Schuldners in den beiden oben mitgeteilten Beispielen jedenfalls für die Notzucht des Kutschers, im allgemeinen auch für den Diebstahl des Dienstmädchens abzulehnen.

So führt denn auch die Anschauung, daß Verschulden des Mittlers bei Gelegenheit der Erfüllungshandlung genüge, um die Ersatzpflicht des Schuldners zu begründen, zu praktisch sehr wohl verwertbaren Resultaten und läßt sich nicht durch einen vornehmen Hinweis auf ihre angeblich ungeheuerlichen Folgerungen abfertigen. Gewiß ergibt sich für den, der sie annimmt, eine bedeutende Abweichung der Zurechnung aus § 278, also der Zurechnung innerhalb bestehender Schuldverhältnisse, verglichen mit der aus § 831 (s. unten § 16). Doch kann nicht zugegeben werden, daß dieser „unvermeidliche Widerspruch" (Oertmann I S. 38), auf den als erster Rümelin I S. 89 hinwies, gegen uns zeuge. Der Gesetzgeber hat die beiden Zurechnungsfälle bewußt in ihrem Grundgedanken und in Einzelheiten völlig verschieden geregelt

---

[1]) Ueber diese Auslegung der Worte „vorwiegend verursacht", worauf hier nicht näher eingegangen werden kann, s. insbesondre Labowsky: Eigenes Verschulden bei Schadensersatzansprüchen nach gemeinem Recht und BGB. Diss. Erl. 1898. S. 43 f.

[2]) Zu weit geht es aber, generelle Voraussehbarkeit des Erfolges zu verlangen. Dafür hat sich ausgesprochen RG. Bd. 38 S. 305 (für das preußische Recht): „Die Zurechnung der schädlichen Folgen einer Handlung oder Unterlassung ist in der Regel bedingt durch die Voraussehbarkeit des schädlichen Erfolges"; vgl. auch RG. Bd. 10 S. 289. Wir können natürlich diese Probleme nur streifen.

[3]) Jur. Wochenschrift 1903 Beilage S. 114.

[4]) Ebenso in ausführlicher Darlegung Merkel I S. 205 ff. Ein nähres Eingehen auf die schwierige Kausalitätsfrage müssen wir uns versagen, weil dadurch der Rahmen unsrer Darstellung gesprengt würde.

(s. unten § 16);[1] er wollte die Abweichung, wollte den Widerspruch. Zwei verschiedne Begriffe sind aber verschieden, auch wenn sie einen gemeinsamen Oberbegriff haben; man darf also nicht folgern, eine Eigenschaft, die dem einen Begriff abgeht, müsse auch dem andern fehlen. Sonst käme man dazu, die Fortpflanzungsfähigkeit des Pferds wegzuargumentieren, weil durch deren Vorhandensein ein „unvermeidlicher Widerspruch" zwischen Pferd und Maulesel entsteht!

Freilich bleibt immer noch insofern eine seltsame Anomalie bestehen, als die physische Person für ihren gesetzlichen Vertreter, wenn unsre Ansicht richtig ist, schlechthin einzustehen hat, die Körperschaft aber nach § 31 für ihre verfassungsmäßig berufnen Vertreter nur dann, wenn diese in Ausübung der ihnen zustehenden Verrichtungen gehandelt haben. Es ist möglich, daß sich die Praxis mit Rücksicht darauf für die entgegengesetzte Meinung entscheiden wird, die ja zudem die herrschende ist. Bisher hatten die Obergerichte noch keine Gelegenheit, sich zu dieser Frage zu äußern; zu beachten ist aber, daß das Reichsgericht[2]) für den sehr ähnlichen Art. 427² des alten Handelsgesetzbuchs die erforderliche „Beziehung zwischen der Anstellung und der frevelhaften Handlung" (der böslichen Handlungsweise) außerordentlich weit gefaßt und geradezu den Satz aufgestellt hat, im Zweifel sei fast immer eine solche anzunehmen, wenn sich auch keine eigentliche Präsumtion dafür aufstellen lasse. Jedenfalls darf nicht übersehen werden, daß die gegenteilige Ansicht für viele Fälle unangenehm engherzig ist, und daß bei ihr nicht selten zutrifft, was sie uns unterschieben möchte: sie kann zu höchst unerquicklichen Konsequenzen führen und dem über das Schulddogma so weit hinausgehenden Prinzip des § 278 die praktische Bedeutung in beängstigender Weise rauben. Auch ist zu bedenken, daß wir die Gesetze auszulegen, nicht zu verbessern haben.

§ 5. 2. Der Umfang der Zurechnung.

I. Wie weit der Schuldner unter den untersuchten Voraussetzungen für das Verschulden seines Erfüllungsmittlers haftet, spricht § 278 selbst aus: er hat es „in gleichem Umfange zu vertreten wie eigenes Verschulden". Das kann nur heißen, daß vom Mittler nicht mehr und nicht weniger zu fordern ist, als der Schuldner selbst zu leisten hat. Soweit sichs um die Beobachtung eines gewissen Grades von Sorgfalt handelt, ist mithin maßgebend die Sorgfalt des Schuldners, nicht die des Erfüllungsmittlers; denn sonst würde ja dem Schuldner das fremde Verschulden nicht in dem Umfang zugerechnet werden, in dem er sein eignes zu vertreten hat, sondern in dem Umfang, in dem der Mittler für sein (des Mittlers) Verschulden verant-

[1]) Das scheint Oertmann zu übersehen, wenn er sagt, „die gegenteilige [d. h. unsre] Auslegung würde mit einer Beschränkung der Haftung allein dem Gegenkontrahenten gegenüber kaum verträglich sein". Warum sind denn die zahlreichen andern Abweichungen, die niemand bestreiten kann, damit verträglich?

[2]) RG. Bd. 7 S. 128.

wortlich ist. Wir müssen also immer fragen: hätte das vom Erfüllungsmittler aufgewendete Maß von Sorgfalt genügt, den Schuldner zu befreien, wenn dieser selbst die Erfüllungshandlung vorgenommen hätte? Endemann S. 498 Anm. 5 (den Schütz S. 40 wohl nicht richtig verstanden hat) bestreitet das; er meint in recht unklarer Weise, ohne einen Beweis zu führen, die Worte „wie eigenes Verschulden" sollten „nicht etwa eine Fiktion aufstellen". Er scheint damit ausdrücken zu wollen, daß man auf sie überhaupt keinen Wert legen dürfe. Irgend etwas müssen sie aber doch sagen; und warum hat sie denn die zweite Kommission erst eigens eingefügt?[1]) Endemann verlangt die rein objektive Feststellung der Voraussetzungen, die im gegebnen Falle für sorgfältige vertragsmäßige Leistung vorliegen müßten; wenn diese nicht gemacht sei, komm es dem Gläubiger gegenüber nicht darauf an, ob die Sorgfalt unmittelbar vom Schuldner oder von seinem Gehülfen verletzt worden sei. Er übersieht aber, daß § 278 im Gegenteil gerade die subjektive Seite betont.

Dieser Unterschied in der Auslegung hat besonders in zwei Fällen praktische Bedeutung. Da nach unsrer Auffassung stets die Sorgfalt des Schuldners, nicht die des Erfüllungsmittlers entscheidet, kann der Schuldner in den Rechtsverhältnissen, wo er nur für diligentia quam suis haftet, (also in den Fällen der gemeinrechtlichen culpa in concreto) bloß dafür verantwortlich gemacht werden, daß sein Mittler dieselbe Sorgfalt anwendet, die er, der Schuldner, in eignen Angelegenheiten zu beobachten pflegt; keine geringre, aber auch keine größre. Warum sollte der Gläubiger, dems nur auf die Erfüllung als solche ankommt, günstiger gestellt sein, wenn der für gewöhnlich kleinlich gewissenhafte Mittler erfüllt, als wenn der Schuldner selbst die Handlung vornimmt, ein verständiger Mann, dem die übertriebne Aengstlichkeit des Pedanten ebenso fremd ist wie die Unbesonnenheit des Leichtsinnigen? Sonst würde ja dem Zweck, dem zuliebe der Gesetzgeber bei den wenigen in betracht kommenden Schuldverhältnissen die Haftung so sehr beschränkt, ins Gesicht geschlagen werden. Das ist denn auch die herrschende Meinung.[2]) — In gleicher Weise kann man eine Verantwortlichkeit dessen, der bloß wegen Vorsatzes und grober Fahrlässigkeit haftet, für seinen Erfüllungsmittler nur dann anerkennen, wenn dieser vorsätzlich oder grob fahrlässig, nicht schon dann, wenn er leicht fahrlässig Schaden angerichtet hat.

Zu weit geht auf der andern Seite Nußbaum S. 88 ff. (im

---

[1]) Aber auch wenn man sie mit Endemann für gleichbedeutend mit einem kraftlosen „ebenso" hält (so auch Nußbaum S. 89, Schütz S. 37), folgt daraus noch lange nicht, daß die Ausführungen Endemanns richtig sind.

[2]) Planck S. 51; Staudinger S. 41; Schollmeyer S. 105; Fischer-Henle S. 156; Dernburg I S. 147 Anm. 7; Matthiaß S. 377; Crome S. 119; Staub S. 231; Kisch S. 105; Otto S. 678; Hoffmann S. 209 f.; Asmis S. 59; Wüstendörfer S. 11; Wertheimer S. 39; Blau S. 27 f.; Redlich S. 58. A.M. (maßgebend sei die Sorgfalt des Erfüllungsmittlers) Isay S. 379; Rehbein S. 109 richtig für den Erfüllungsdiener, unrichtig S. 106 für den gesetzlichen Vertreter.

Anschluß an ihn Schütz S. 39; zweifelnd, aber offenbar mehr für Nußbaum Oertmann I S. 39). Er schließt überall da, wo der Schuldner nur culpa in concreto oder nur dolus und culpa lata zu vertreten hat, die Haftung für Verschulden des Erfüllungsmittlers ganz aus. Dabei beruft er sich auf die berüchtigte „Natur der Sache", auf Folgerungen aus dem Prinzip, auf dem nach seiner höchst subjektiven Ansicht § 278 beruhen soll, und auf vage Billigkeitserwägungen, d. h. er weiß keinen einzigen irgendwie stichhaltigen Grund anzuführen. Dernburg I S. 147 (im Anschluß an ihn Redlich S. 59) stimmt ihm zu, soweit sichs um Schuldverhältnisse handelt, bei denen nur für Vorsatz und grobe Fahrlässigkeit gehaftet wird,[1]) wagts aber nicht, ihm auch hinsichtlich der Verantwortlichkeit für culpa in concreto beizupflichten; denn er übersieht nicht (anders Nußbaum!), daß in § 691 mit § 690 ausdrücklich bestimmt ist, § 278 solle auf den Verwahrungsvertrag auch dann Anwendung finden, wenn die Verwahrung unentgeltlich übernommen ist, wenn der Schuldner also nur für die Sorgfalt einzustehen hat, die er in eignen Angelegenheiten anzuwenden pflegt. Mit welchem Recht darf aber zwischen diesen beiden hierin so nah verwandten Fällen ein Unterschied gemacht werden?

II. Für die Art und die Modalitäten der Zurechnung gelten die gewöhnlichen Bestimmungen über den Schadensersatz. Der Schuldner ist also im allgemeinen zunächst nur verpflichtet, den Schaden zu beseitigen, und braucht nicht Geldersatz zu leisten, wenn nicht die Person des Gläubigers verletzt oder eine seiner Sachen beschädigt wurde (§ 249). Sein Recht, Beschränkung des klägerischen Anspruchs auf Herstellung zu verlangen, verliert er aber durch Säumnis (§ 250); andrerseits kann er unter Umständen sofort Geldersatz anbieten (§ 251 [2]) und muß das möglicherweise tun (§ 251 [1]). Zu ersetzen ist auch der entgangne Gewinn (§ 252), regelmäßig aber bloß der Vermögensschaden (§ 253). Ganz besonders wichtig ist die Vorschrift des § 255, wonach der Schuldner zum Ersatze nur gegen Abtretung der Ansprüche verpflichtet ist, die dem Gläubiger allenfalls gegen den Erfüllungsmittler wegen dessen Verschuldens zustehen.

Es ist nämlich sehr wohl möglich, daß für den Geschädigten ein Anspruch auch gegen diesen, nicht bloß gegen den Schuldner begründet wurde, wobei dann beide als Gesamtschuldner nach § 421 haften, da jeder die Leistung ganz zu bewirken verpflichtet ist, die Forderung des Gläubigers aber erlischt, wenn einer geleistet hat. Das ist immer dann, aber auch nur dann der Fall, wenn sich die Handlung des Mittlers als Delikt darstellt, also einen der in den §§ 823 bis 826 aufgeführten Tatbestände verwirklicht. Wohl kann ihm auch rechtsgeschäftliches Ver-

[1]) Doch scheint er das nur mit bezug auf die Haftung für den Erfüllungsdiener zu tun, während er offenbar andrer Ansicht ist für den gesetzlichen Vertreter (S. 145), wobei er jedoch die zu beobachtende Sorgfalt an dessen Person mißt: Jedenfalls ist kein Grund einzusehen, warum der gesetzliche Vertreter und der Erfüllungsdiener hier verschieden behandelt werden sollen.

schulden zur Last fallen — z. B. wenn er entgegen einem Verbot seines Auftraggebers die Erfüllung einem Andern übertrug —, das der Schuldner nach § 278 zu vertreten hat; aber verantwortlich dafür ist der Mittler nur dem Pflichtigen, der ein Rückgriffsrecht gegen ihn hat, dagegen keinem, der außerhalb des für ihn maßgebenden Vertragsverhältnisses steht, also auch nicht dem Geschädigten.

War die Handlung des Mittlers unerlaubt im Sinn der §§ 823 ff., so erweitert sich die Haftung des Schuldners beträchtlich. Er muß dann nach § 842 auch den Schaden ersetzen, der für den Erwerb oder das Fortkommen des Verletzten entstand; wenn sichs um eine Körperverletzung oder Tötung handelt, treffen ihn außerdem noch die in den §§ 843 bis 845 bestimmten Pflichten. Denn er hat das fremde Verschulden „in dem gleichen Umfange zu vertreten wie eigenes"; maßgebend ist also immer, wie wir gesehen haben, ob und inwieweit er haften würde, wenn nicht sein Erfüllungsmittler, sondern er selbst tätig geworden wäre. Hätt aber er das Delikt begangen, so wär er in der bezeichneten Weise verantwortlich; folglich auch dann, wenn es sich sein Erfüllungsmittler hat zu schulden kommen lassen.[1])

§ 6. 3. Der Ausschluß der Zurechnung.

I. Der, dessen Interessen die Vorschrift des § 278 dient, und der allein aus ihr Vorteil zieht, ist der Gläubiger; als außerordentliche Rechtswohltat wird ihm ein besonders weit gehender Schutz gegen jede schuldhafte Schädigung gewährt, die er in Verbindung mit der Erfüllung erleidet, mag diese der Schuldner selbst vornehmen oder durch Andre vornehmen lassen. Nun hat aber das Gesetz keinen Anlaß, die Interessen des Gläubigers besser zu wahren, als dieser selbst es tut; die Rechtswohltat wird ihm nicht aufgedrängt. Wenn er den Schuldner aus der Haftung für Erfüllungsmittler entlassen will, steht dem nichts im Wege. So erklärt sich der zweite Satz des § 278.

Endemann S. 503 Anm. 22 behauptet, dieser gelte nicht für die Zurechnung des Verschuldens eines gesetzlichen Vertreters; denn ein nicht Geschäftsfähiger könne durch Vertrag mit dem Dritten seine Haftung nicht einschränken. Allein das ist unrichtig. Welche Bestimmung sollte zunächst dem Vormund verbieten, mit dem Gläubiger zu vereinbaren, daß der Mündel für den Dolus des Vormunds nicht haften solle? Freilich wird das in Wirklichkeit nie vorkommen. Der Mündel darf jedoch nach § 113 auch ohne Einwilligung seines gesetzlichen Vertreters eine entsprechende Willenserklärung abgeben, da nicht zu bezweifeln ist, daß sie ihm einen rechtlichen Vorteil bringt; verbessert sie doch seine Rechtslage in ganz hervorragender Weise! Wenn sichs aber um eine geschäftsunfähige Person handelt, kann den Bedenken der Aengstlichen, die den gesetzlichen Vertreter in diesen Fällen

[1]) Ebenso im Ergebnis, aber unrichtig in der Begründung Nußbaum S. 86.

vielleicht doch für ausgeschlossen halten, dadurch Rechnung getragen werden, daß das Vormundschaftsgericht nach § 1909 einen Pfleger bestellt, der für den Mündel den Vertrag schließt.

Daß durch vorherigen Vertrag[1]) die Zurechnung der Fahrlässigkeit eines Erfüllungsmittlers ausgeschlossen werden kann, versteht sich von selbst, nachdem dessen Verschulden vom Schuldner nur in demselben Umfang zu vertreten ist wie eignes und ihm selbst die Haftung dafür im voraus erlassen werden kann. Dagegen ists eine Besonderheit der Zurechnung fremden Verschuldens gegenüber der des eignen, daß nach ausdrücklicher Vorschrift dasselbe für den Vorsatz des Mittlers gilt. Dazu ist nicht etwa eine ausdrückliche Vereinbarung nötig, sondern ein derartiger Wille der Parteien kann aus dem Vertrag als solchen hervorgehen. So wird das immer der Fall sein, wenn der Schuldner vertragsmäßig verpflichtet ist, die Erfüllung durch eine bestimmte Person vornehmen zu lassen; denn damit ist ausgesprochen, daß der Schuldner nichts weiter tun soll als diese zur Vornahme der Handlung veranlassen: erklärt sie sich bereit, so ist sie Substitut, nicht Erfüllungsdiener, so daß § 278 keine Anwendung findet; kann aber die Erfüllung durch sie nicht stattfinden, so kommen die Regeln über die Unmöglichkeit der Leistung zur Anwendung. — Wie jeder Vertrag kann auch dieser stillschweigend geschlossen werden. Nur für den Herbergsvertrag ist eine geringfügige Abweichung insofern vorgeschrieben, als § 701³ bestimmt, daß hier die Haftung für Vorsatz des Erfüllungsmittlers jedenfalls nicht durch einen bloßen Anschlag ausgeschlossen werden kann;[2]) also auch dann nicht, wenn der Gast im einzelnen Fall den Anschlag gelesen und nichts gegen ihn einzuwenden hat, so daß an sich ein stillschweigender Vertrag zu Stand gekommen wäre.

Endemann (S. 500 Anm. 12) brandmarkt den Schlußsatz des § 278 als schwächliche Nachgiebigkeit gegenüber den Romanisten, als Rückfall in römische Denkweise. Ich erblicke darin im Gegenteil einen sehr nützlichen, geradezu notwendigen Regulator der Härten, die eine unbeugsame Anwendung des in § 278 ausgesprochnen Prinzipes mit sich brächte. Wir haben oben gesehen, daß der Schuldner bei einem Gefälligkeitsgeschäft für den Vorsatz eines Erfüllungsmittlers verantwortlich ist; durch den zweiten Satz ist ihm das Mittel gegeben, sich dieser manchmal vielleicht unbilligen Haftung zu entziehen. Wenn ich einem Freund ein Geschenk, das ich ihm gemacht habe, und das er bereits angenommen hat, durch einen Dienstmann bringen lassen will, warum sollt ich dem Schenkungsvertrage nicht die Bedingung beifügen dürfen, daß ich für ein Verschulden des Dienstmanns nicht aufkommen würde? Auch sonst sind Fälle denkbar, wo der Ausschluß der Zurechnung des fremden Verschuldens sehr zweckmäßig und gerecht ist.

---

[1]) Nur von einem solchen reden wir. Ganz anders ist ein Vertrag zu beurteilen, durch den die Haftung erlassen wird, nachdem der vom Mittler verschuldete Schaden schon eingetreten ist; hier handelt sichs um einen Verzicht auf einen bereits begründeten Anspruch, der in allen Rechtsverhältnissen zulässig ist.

[2]) Vgl. dazu RG. Bd. 13 S. 76 f.

Und schließlich muß man sich immer vorhalten, daß — wie schon gesagt — kein Grund einzusehen ist, warum der Gesetzgeber strenger sein soll als der Gläubiger.

II. Freilich können sich Bedenken ergeben, ob nicht die im Schlußsatz gewährte Möglichkeit zu einer Vergewaltigung des Gläubigers durch den Schuldner führen kann, der ja heutzutag in vielen Verhältnissen wirtschaftlich unvergleichbar stärker ist, und ob nicht die Gefahr besteht, daß von dieser Stelle aus das Prinzip des ersten Satzes in der Praxis aus den Angeln gehoben wird. Doch ist das nicht zu befürchten; das Gesetz selbst hat in den Bestimmungen des allgemeinen Teils genügend vorgesorgt. Die in betracht kommende Vorschrift enthält § 138, wonach Rechtsgeschäfte, die gegen die guten Sitten verstoßen, nichtig sind. Von Bedeutung sind davon für unsern Fall insbesondre die wucherischen Geschäfte, unter denen wieder die hervorragen, die sich als Ausnützung der Notlage eines Andern darstellen. Weil eine solche vorläge,[1]) wär es deshalb unter allen Umständen ohne Einfluß auf die Haftung einer Eisenbahnverwaltung für das Verschulden ihrer Angestellten gegenüber den Passagieren oder dem Frachtgut, wenn diese Haftung etwa in den allgemeinen Bedingungen, nach denen der Transportvertrag geschlossen wird, abgelehnt würde; ohne Einfluß selbst dann, wenn die Vorschrift im Handelsgesetzbuch § 471 nicht getroffen wäre.[2]) Denn der Reisende muß, wenn er nicht überhaupt zu Hause bleiben will, mit der Eisenbahn paktieren und sich allen Bedingungen fügen, die sie stellt; der Kaufmann hat keine andre Wahl, als seine Waren gerade von ihr befördern zu lassen, und ist deshalb in derselben Lage.[3]) Gerade dieser Gesichtspunkt, ob der Schuldner Inhaber eines rechtlichen oder tatsächlichen Monopols ist, oder ob er in freier Konkurrenz steht, wird von ausschlaggebender Bedeutung sein: der erste verstößt durch Ausschluß der Haftung für Verschulden seiner Erfüllungsdiener in der Regel, jedenfalls im Zweifel (a. M. Nußbaum S. 87) gegen die guten Sitten, der zweite nicht. Ob durch Herabsetzung des Entgelts das erforderliche Mißverhältnis der beiderseitigen Leistungen aufgehoben wird, so daß § 138 nicht zur Anwendung kommt, ist Tatfrage und kann nur für den einzelnen Fall entschieden werden.

Für irrig halt ich das von Endemann S. 500 (im Anschluß an ihn Schütz S. 42) aufgestellte Unterscheidungsmerkmal, wonach immer Nichtigkeit eintreten solle, wenn öffentliche Interessen auf dem Spiele ständen. Man setze den Fall, daß eine der auf dem Bodensee verkehrenden Dampfschifflinien in ihre Verträge eine entsprechende

[1]) Das außerdem verlangte Mißverhältnis der beiderseitigen Leistungen wird auch immer gegeben sein; denn in die Leistung des Passagiers oder Versenders muß das Risiko eingerechnet werden, das er infolge des Ausschlusses der Haftung für das Verschulden der Angestellten läuft.

[2]) Für das gemeine Recht vgl. zu dieser Frage Goldschmidt Arch. f. d. civ. Praxis Bd. 41 S. 406—410.

[3]) Anders wär es freilich beim Kaufmann, wenn Beförderungsmittel zu Wasser mit der Eisenbahn konkurrierten; vgl. die folgenden Ausführungen.

Klausel aufnimmt. Diese Vereinbarung ist nichtig gegenüber dem einzelnen Passagier, dagegen unter sonst gleichen Verhältnissen vollwirksam gegenüber einer Reisegesellschaft, die unter der Fürsorge und Leitung eines Reisebureaus steht (dabei wird angenommen, daß die Ueberfahrt nicht auf einem von diesem gemieteten Schiff erfolgt, sondern daß jeder Teilnehmer für sich vor der Fahrt ein Billet löst, weil ja sonst kein Vertrag zwischen ihm und der Schiffahrtsgesellschaft zu Stande kommt): der gewöhnliche Reisende ist bei seiner völligen Unkenntnis andrer gleich billiger und bequemer Ueberfahrtsgelegenheit im allgemeinen der Schiffahrtsunternehmung gegenüber machtlos, so daß diese ihm die Klausel unter Ausbeutung seiner Notlage oder geschäftlichen Unerfahrenheit aufzwingt. Davon kann aber keine Rede bei der Reisegesellschaft sein, die durch ihre große Zahl und ihr einheitliches Handeln selbst einen Machtfaktor darstellt, und die von einem nach kaufmännischen Grundsätzen betriebnen, also die Konjunktur kennenden und ausnützenden Reisebureau geleitet wird. Ebenso ists für den Güterverkehr. Wird der Koffer eines Touristen durch das Verschulden der Schiffsbesatzung verletzt, so haftet die Unternehmung trotz einer ihre Haftung ausschließenden Vertragsbestimmung; sie ist aber ceteris paribus nicht verantwortlich für die Beschädigung von Waren, die ein Kaufmann von ihr transportieren läßt. Und falls Endemann unter „öffentlichen Interessen" nur die des Staates versteht: warum sollt es einen Unterschied machen, ob Pferde, die zu Schaden gekommen sind, einem Privaten oder dem Militärfiskus gehören?

§ 7. 4. Die Theorieen über den Grund der Zurechnung.

I. Seitdem sich die gemeinrechtliche Literatur mit der Zurechnung des Verschuldens eines Erfüllungsmittlers beschäftigte (wobei sie sich freilich fast ausnahmslos auf Untersuchungen über den „Gehülfen" beschränkte), begegnen wir einer beinah unübersehbaren Zahl von Versuchen, den tiefern Grund dieser Vertretungspflicht in einer logisch halbwegs befriedigenden Weise ausfindig zu machen. Es ist das verständlich genug. Denn auf der einen Seite drängten die Bedürfnisse des modernen Lebens mit so elementarer Gewalt über das starre Verschuldungsprinzip hinaus, daß es nur wenige Theoretiker wagten, diesem auch noch für die Gegenwart unbedingt das Wort zu reden. Auf der andern Seite ließ sich aber nicht leugnen, daß das rezipierte Recht nur sehr wenige und nur sehr schmale, für den großen Verkehr des Rechtslebens kaum in betracht kommenden Seitenpfade neben der breiten Heerstraße dieses Prinzipes kannte; ja, es war sogar sehr bestritten, ob auch nur alle diese nicht eben beträchtlichen Ausnahmen anerkannt werden könnten. Um in diesem Zwiespalt den praktischen Bedürfnissen gerecht zu werden, ohne doch von dem juristischen Gewissen gar zu viele Konzessionen zu verlangen, lag es nahe, nach *allgemeinen* Rechtsgedanken zu fahnden, aus denen man in weiterm Umfang, als die Aussprüche der Quellen gestatteten, eine Haftung für fremdes Verschulden herleiten könnte. Jeder, der sich mit dieser Frage beschäftigte, bohrte an einer andern Stelle, und jeder glaubte, die ersehnten Wasser rauschen zu hören, bis ihm sein Nachmann das Irrige seiner Deduktionen nachwies; es ist fast erheiternd, zu sehen, mit welchem Eifer sich diese Erklärer gegenseitig widerlegen. So kommts, daß eine Menge von Theorieen aufgestellt wurden, von denen einige bestimmend auf die Praxis und damit auf das Leben gewirkt haben.

Für das gemeine Recht ist das sehr begreiflich, und mit Rücksicht auf den Zweck darf man wohl darüber wegsehen, daß sichs im Grund immer nur um eine petitio principii handelt: um den Anforderungen des Lebens gerecht werden zu können, suchte man nach einer allgemeinen Theorie, und aus dieser leitete man dann Rechtssätze ab, wie sie das Leben verlangte. In einer ganz ähnlichen Lage befand sich die französische Jurisprudenz. Der maßgebende Art. 1384 des code civil brachte, wenn er auch das bisherige Recht weit überholt, doch kein Prinzip, sondern begnügt sich mit einer sehr unvollständigen Kasuistik. Wie ists in den Fällen zu halten, die er nicht namentlich aufzählt? Erschöpft er die Zurechnung fremden Verschuldens oder gibt er nur Beispiele dafür? Die Rechtsprechung entschied sich aus praktischen Erwägungen für das zweite, mußte nun aber natürlich erst das Prinzip ausfindig machen, von dem jene besonders aufgeführten Haftungsgründe Beispiele sein sollten.

Man wird weder den gemeinrechtlichen noch den französischen Juristen aus ihren Bemühungen, den Gegensatz zwischen Gesetz und Bedürfnis auszugleichen, einen Vorwurf machen. Wenn aber auch jetzt noch, wo ein solcher Gegensatz nicht mehr besteht, wenn auch dem bürgerlichen Gesetzbuch gegenüber versucht wird, die Haftung von allgemeinen rechtlichen Gesichtspunkten aus zu erklären, so halt ich das für wertlose Spielerei. Und wenn man sich gar bei der Auslegung des § 278 auf die Folgerungen des „zuvor gewonnenen allgemeinen Prinzipes" beruft (wies in unerträglichem Maß insbesondre Hoffmann, Nußbaum, Wertheimer, Asmis und Isay tun), so kann das nicht scharf genug zurückgewiesen werden. Bezeichnend sind die Worte, mit denen Nußbaum seine Ausführungen beginnt (S. 43): „Um die wissenschaftliche Grundlage für die Interpretation des § 278 zu gewinnen, müssen wir zunächst untersuchen, ob und inwieweit sich die in ihm ausgesprochene Haftung auf ein juristisches Prinzip zurückführen läßt" (ganz ähnlich Hoffmann S. 31, 105). Wie verkehrt! Ein solches Prinzip kann höchstens Ergebnis, nicht Grundlage der Interpretation sein. Die Grundlage darf einzig und allein das Gesetz bilden; jedes andre Vorgehen ist nicht Konstruktion, sondern Zwangsverfahren. Man stellt eine Theorie auf, unter die man die Bestimmungen des Gesetzes preßt; man macht sich aus dem Zeuge vager Rechtsvorstellungen eine Jacke, um dann die Vorschriften des positiven Rechts solang zu recken und zu beschneiden, bis sie hineinpassen. Freuen wir uns, daß wir ein Gesetz haben, das in dieser Beziehung — wie fast die gesamte Kritik anerkannt hat — den Forderungen des Lebens mit beiden Armen entgegenkommt, das uns der Mühe überhebt, Rechtsgedanken auszuforschen, da wir uns auf Rechtsvorschriften berufen können. Etwas andres ists natürlich, zu untersuchen, ob der Gesetzgeber nicht noch einen Schritt hätte weiter gehen und die durch fremdes Verschulden begründete Schadensersatzpflicht noch häufiger hätt eintreten lassen sollen.[1]) Eine derartige Frage zu stellen, ist sehr berechtigt; doch erscheint es zweckmäßiger, solche Erörterungen de lege ferenda an die Besprechung der einzelnen positiven Normen anzuschließen. Hält man aber, wies allgemein geschieht, die Bestimmungen des Gesetzes im großen und ganzen (auf kleine Abweichungen kommts ja nicht an) für entsprechend, so begnüge man sich mit der Erkenntnis, daß die praktischen Bedürfnisse die Regelung rechtfertigen, die in der Rechtsordnung getroffen ist; alles andre führt nur dazu, dieser die eignen, sehr subjektiven Gedanken unterzuschieben.

Wenn ich gleichwohl einen knappen Ueberblick über die bedeutendern Theorieen mit den hauptsächlichsten gegen sie sprechenden Erwägungen gebe, ist der Grund die Hochachtung vor der gewaltigen Summe von Geistesarbeit, die auf ihre Aufstellung verwendet wurde; die Pietät des Enkels verbietet, darüber mit Schweigen wegzugehen.

II. Soweit ich die Literatur überschaue, lassen sich zwei Arten von Erklärungsversuchen unterscheiden: die legislatorisch-wirtschaftlichen, die in einer mehr negativen Weise darlegen wollen, daß die Festsetzung einer über die Verschuldenshaftung hinausgehenden Verantwortlichkeit mit Rücksicht auf die tatsächlichen Verhältnisse als nicht unbillig erscheine, und die juristisch-konstruktiven, die sich zum Ziel setzen, diese erweiterte Haftung aus allgemeinen rechtlichen Gesichtspunkten zu rechtfertigen. Nur wenige dieser Theorieen ermöglichen übrigens zugleich eine Konstruktion der Haftung für Verschulden des gesetzlichen Vertreters.

Nach ihrem Umfang zerfallen sie gleichfalls in zwei Gruppen. Die erste (kleinre) beschränkt sich auf die Untersuchung der Verantwortlichkeit des Schuldners gegenüber dem Gläubiger, also auf das uns hier interessierende Gebiet; einige dieser Prinzipien beziehen sich sogar bloß auf den Werkvertrag, was wir aber nicht zu berücksichtigen brauchen, da sie die Kraft zu allgemeinrer Geltung in sich tragen. Die zweite Gruppe greift weit über den Rahmen unsrer Darstellung hinaus, indem sie die ganze Haftung ohne Schuld decken will. Der Grundfehler dieser allgemeinen Theorieen besteht darin, daß sie — von der richtigen Erkenntnis ausgehend, gewissen einzelnen Fällen sei ein bestimmter Gedanke gemeinsam — den auf ein Gebiet anwenden, das sich weit, weit über das Bereich jener Einzelfälle hinaus erstreckt. Nach der Führung des nicht sonderlich schweren Nachweises, daß diese unter einen einheitlichen Gesichtspunkt zu bringen sind, glauben sie, es könne kein Zweifel mehr bestehen, daß das für

[1]) So namentlich Rümelin I und Merkel I.

einen winzig kleinen Teil der Rechtsordnung gefundne Prinzip ihr in ihrem vollen Umfang zu Grunde liege; sie lassen sich durch eine unleugbare Aehnlichkeit täuschen und vergessen den Beweis dafür, daß eine Gleichheit in den wesentlichen Punkten vorhanden sei. Der, bei dem dieser Mangel besonders deutlich hervortritt, ist Unger; andre haben die Willkür ihrer Folgerungen geschickter zu verbergen gewußt.

Daß manche Theorieen nicht die Stellungnahme des bürgerlichen Gesetzbuchs, sondern die des gemeinen Rechts erklären sollten, ist für uns ohne Bedeutung, da sie auch dem geltenden Recht gegenüber häufig genug herangezogen werden. Wenn wir dann auch noch zwei Prinzipien erwähnen, die de lege ferenda aufgestellt, vom bürgerlichen Gesetzbuch aber zweifellos abgelehnt sind, erscheint das der Vollständigkeit wegen geboten.

1. Unter den legislatorisch-wirtschaftlichen Theorieen mag den Reigen die Dolinskis eröffnen, der die innre Begründung der erweiterten Haftung in den „sozialen Bedürfnissen des Verkehrs" sieht (S. 24—30). Viele sind ihm gefolgt, von denen der eine diese, der andre jene Seite des Verkehrsbedürfnisses in den Vordergrund stellte: Dolinski selbst betont die „Einfachheit der Form, die Erleichterung des Verkehrs, sowie dessen Sicherheit und Zuverlässigkeit"; ebenso nennt Endemann S. 501 die Verantwortlichkeit des Schuldners für seine Gehülfen „ein Gebot der Verkehrssicherheit und Vertragstreue". Nußbaum (S. 48—50) erkennt die Sicherung der Obligationserfüllung als das Grundprinzip; er macht selber (S. 83) darauf aufmerksam, daß das Erfordernis eines Verschuldens des Erfüllungsmittlers mit diesem Prinzip in keiner Weise zu vereinbaren ist, woraus für einen Unbefangnen hervorgehen dürfte, daß dieser Konstruktionsversuch gegenüber dem bürgerlichen Gesetzbuch verfehlt ist. Rümelin II kehrt den präventiven Gesichtspunkt hervor, den erziehrischen Einfluß, den eine ausgedehnte Kausalhaftung naturgemäß im Gefolge hat (auch Rümelin I S. 56 hatte schon darauf aufmerksam gemacht), wenngleich er noch andre Theorieen zur Erklärung heranzieht. Mataja (S. 57 ff.) baut das Prinzip der Schadensrepartition aus, das auf den Versicherungsgedanken gegründet ist; Binding entwickelt S. 473 ganz ähnliche Anschauungen. Daß derartige Rücksichten den Gesetzgeber bestimmt haben, ist zweifellos, und es mag verdienstlich sein, ihnen nachzugehen und sie aufzudecken.[1]) Ein juristisches Prinzip liegt aber darin auf keinen Fall; die Verkehrsbedürfnisse sind das gerade Gegenteil davon.

Ganz unbrauchbar ist die Zurückführung der Zurechnung fremden Verschuldens auf eine obligatio ex lege. Damit ist weiter nichts gesagt, als daß es dem Gesetzgeber beliebt habe, eine solche Bestimmung zu treffen; wie er dazu kam, wird verschwiegen. Nicht viel beßres gilt von der Erklärung „aus dem Gesamtinteresse heraus" (so

---

[1]) Vgl. übrigens Leonhard (Gutachten) S. 385 f., der in beachtenswerter Weise auch einmal auf die rechtspolitischen Gründe hinweist, die gegen die Normierung einer allzu ausgedehnten Haftung des Unternehmers für Verschulden seiner Erfüllungsdiener sprechen.

für ein weitres Gebiet Rupp S. 29 ff.); denn Haftung aus öffentlich-rechtlichen Interessen und Haftung aus sonstigen Gründen lassen sich nicht gegenüberstellen, da das Gesamtinteresse das Rückgrat aller Rechtsvorschriften ist (vgl. auch Merkel III S. 292).

Bedeutender erscheint die von Ubbelohde (Zeitschr. f. d. ges. Handelsrecht Bd. 7 S. 245 ff.) geschaffne Assekuranztheorie,[1]) historisch der erste Erklärungsversuch, der bis zur Aufstellung der Erfolgstheorie bestimmend auf die Praxis wirkte (vgl. ROHG. Bd. 13 S. 78; das Reichsgericht hat dieses Urteil RG. Bd. 10 S. 166 anerkannt):[2]) Der Schuldner, der Haftung für Verschulden seiner Gehilfen übernehme, bedinge sich für dieses Risiko in der Regel eine Assekuranzprämie aus, die — wenigstens nach seiner Meinung — dem gewagten Geschäft den Charakter der Liberalität von seiner Seite nehme (S. 246), könne mithin als gedeckt gegen Gefahr gelten; anders der Gläubiger. Daher lege das Gesetz dem Schuldner Haftung für seine Gehilfen in all den Fällen auf, in denen es zutreffe, daß er sich in der Regel eine Assekuranzprämie ausbedingen könne. Die einfache Konsequenz dieser Theorie wäre, den Schuldner für allen, auch für den zufällig eingetretnen Schaden haften zu lassen; denn wenns nur auf die Verschaffung einer Assekuranzprämie ankommt, mit welchem Recht kann man dann einen Unterschied zwischen Zufall und Verschulden des Erfüllungsdieners machen? Auf der andern Seite müßte sich der Schuldner durch den Nachweis befreien können, daß in der vereinbarten Gegenleistung im einzelnen Fall wegen ihrer geringen Höhe eine Assekuranzprämie nicht enthalten sei. Das eine ist dem Gesetz so fremd wie das andre. Ubbelohdes Theorie verwechselt zudem Ursache und Wirkung, denn „wenn dargetan wird, daß bei einem Gewerbe ein Zuschlag zum Preise als Assekuranzprämie gemacht wird, liegt hierin nicht der Grund für die Haftung, sondern es ist die aus einem anderen Grunde bestehende Haftung nur ein Motiv für die Preiserhöhung" (Dreyer, Gutachten S. 90). Eine nicht zu verkennende Schwäche der Theorie liegt endlich darin, daß sie von dem ausgeht, was nur gewöhnlich der Fall ist; zumal die „Regel" in der Praxis ungemein häufig nicht Platz greift. Daß Ubbelohdes Begründung auch mit den Grundsätzen wahrer Gerechtigkeit und Billigkeit nicht übereinstimmt, weist Enneccerus II S. 98 f. treffend nach.

Großen Einfluß hat das in seinen Grundgedanken zuerst von Merkel III S. 283 entwickelte, in den Motiven Bd. II S. 30 ver-

[1]) Gegen ihn insbesondre Goldschmidt und Bar in Grünhuts Ztschr. Bd. 4 S. 72. Ubbelohde hat übrigens, von Goldschmidts Ausführungen überzeugt, in Glücks Pandektenkommentar Serie der Bücher 43 und 44, 1. Teil, S. 415 Anm. 71 das Irrige seiner Theorie in loyaler Weise zugegeben und diese widerrufen.

[2]) Leonhard (Gutachten) S. 365 billigt sie; Steinbach S. 62 f. folgt ihr; vgl. auch Laband S. 187: „Wer den Unternehmergewinn hat, muß auch das Unternehmerrisiko tragen" und Klöppel S. 477: „Bei Verwendung von Gehilfen gehört ebenso wie bei der Verwendung von Naturkräften der nach der Erfahrung zu berechnende Durchschnitt ihrer schädigenden Wirkungen zu den natürlichen Produktionskosten, zu den Beschaffungsschwierigkeiten."

wertete und von Unger ausgebaute Prinzip der Korrespondenz von Vorteil und Haftung gewonnen.[1]) Das Reichsgericht hat es erst vor wenigen Jahren wieder ausdrücklich anerkannt: „Ist der Schuldner zur Vornahme einer Handlung verpflichtet, und ist die Vornahme ausschließlich von seinem Willen abhängig, so kann er sich der Hilfe Dritter bei der Ausführung der Handlung bedienen, soweit er nicht selbst tätig sein muß; aber er tut dies, wie im eigenen Interesse, so auch auf seine eigene Gefahr; dieser Standpunkt ist in § 278 vertreten."[2]) Wüstendörfer S. 78 ff. glaubt es als „Utilitätsprinzip" sogar schon im römischen Recht nachweisen zu können[3]) (l. 149 D. de regulis iuris: ex qua persona quis lucrum capit, eius factum praestare debet). Es lautet: „Der Schuldner trifft die Auswahl für sich, für sein Geschäft, in eigener Angelegenheit; wie das korrekte Verhalten der Gehilfen ihm zum Vorteil dient, so muß auch das schuldhafte Verhalten derselben ihm zum Nachteil ausschlagen" (Unger I S. 390). „Eigenes Interesse, eigene Gefahr — fremdes Interesse, fremde Gefahr" (Unger II S. 359). Kurz aussprechen läßt sich der Gedanke durch die Umkehrung einer bekannten römischen Rechtsregel: cuius commodum, eius periculum, worauf neben Rümelin I S. 31 auch Baron (Zeitschriften des Vereins für Sozialpolitik Bd. 19 S. 123) hinweist. — Man hat mit vollem Recht eingewendet, daß dies in den wichtigsten Rechtsbeziehungen, bei den zweiseitigen Verträgen, durchaus nicht zutrifft: Die Beiziehung von Erfüllungsdienern liegt hier fast immer ebenso sehr im Interesse des Gläubigers wie in dem des Schuldners, da ohne sie die Erfüllung, durch die der Gläubiger befriedigt werden soll, an der er also ebenso interessiert ist wie der Schuldner, meist ganz unmöglich wäre. Daß das Prinzip vom bürgerlichen Gesetzbuch trotz jener Erklärung der Motive nicht durchgeführt ist, geht schon aus der damit in keiner Weise zu vereinenden Gefahrverteilung bei den Gefälligkeitsgeschäften hervor; es ist bezeichnend genug, daß Unger diese Verteilung mißbilligt. Auch ist der durchgreifende Unterschied, den das Gesetz zwischen der Zurechnung fremden Verschuldens gegenüber dem Gläubiger und gegenüber Dritten macht, nach dieser Theorie absolut nicht zu rechtfertigen; Unger bezeichnet ihn denn auch als „grelle und fast unerträgliche Diskrepanz" (Unger I S. 396) und gesteht damit

---

[1]) Oertmann II S. 90 bezeichnet es als „vortrefflich"; Conradi S. 60 f. hat sich an Unger angeschlossen. — Es gibt nichts Neues unter der Sonne: gegen das Prinzip, das Unger als erster gefunden zu haben meint (Merkel III scheint er nicht gekannt zu haben), machte Hepp S. 91 schon 1838 Front, soweit es damalige Schriftsteller heranzogen zur Erklärung der Haftung des Eigentümers von Sklaven oder Tieren für den Schaden, den diese angerichtet haben.

[2]) Jur. Wochenschrift 1897 S. 570. Ebenso schon vorher RG. Bd. 10 S. 302 Mitte; Bd. 43 S. 147 oben.

[3]) Freilich ist Wüstendörfer erst zweiter „Entdecker": s. Unger II (3 Jahre vor Wüstendörfers Dissertation erschienen), wo S. 359 bereits konstatiert ist, daß dieses Prinzip schon im römischen Recht gegolten habe, ohne daß freilich näher darauf eingegangen wird.

selbst zu, daß das Gesetz sein Prinzip nicht anerkannt hat. Immerhin enthält es unleugbar einen sehr gesunden Gedanken.[1])

Genau dasselbe wie Unger, nur verhüllt durch einen Wust von Fremdwörtern, scheinen mir Sjögren und Isay zu sagen. Der erste erklärt in seiner teilweise schwer verständlichen und recht gespreizten Abhandlung „Zur Lehre von den Formen des Unrechts und den Tatbeständen der Schadenstiftung" (Jahrb. f. Dogmatik Bd. 35, n. F. Bd. 23, S. 343—430): „Der wahre Grund der Haftung ist die Finalität der Wirksamkeit, in welcher die Tätigkeit der zu ökonomischen Zwecken verwendeten Personen ein isoliertes Moment bildet" (S. 426); er sieht nämlich in der Finalität der Wirksamkeit, der causa finalis, neben dem Verschulden, der causa efficiens, das „symptomatische Moment", das die Kausalität des Willens anzeige (S. 407). Was ist aber „Finalität der Wirksamkeit" anders als Zweck, Interesse? (vgl. auch S. 410, 415). In die Sprache der Verständlichkeit übersetzt, sagt Sjögren mithin, daß der Haftungsgrund in dem Interesse des Schuldners liege, daß also das Prinzip der Korrespondenz von Vorteil und Haftung maßgebend sei. — Isay erklärt die Verantwortlichkeit aus § 278 für „Gestionswirkung, Gestionshaftung" (S. 383). Er glaubt in der „Gestion" ein neues „selbständiges Rechtsinstitut mit eigenartigen Wirkungen" entdeckt zu haben; er definiert sie als „Handeln in fremdem Interesse, als Führung fremder Geschäfte" (S. 3). Wenn Grund der Haftung die Gestion genannt wird, soll das also heißen: der Schuldner haftet, weil er den Täter in seinem Interesse verwendet; genau dasselbe hat aber Unger bereits zehn Jahre vor Isay viel klarer ausgeführt.[2])

Rümelin I suchte das Prinzip Ungers zu verbessern (vgl. S. 46!) durch die Formulierung der Theorie der Gefährdungshaftung, die schon Löning ausgesprochen hatte,[3]) und die Pfeiffer S. 33 mit geringfügigen Einschränkungen (für die Zurechnung aus § 831), ebenso wie Hoffmann S. 85 ff. angenommen hat; seit dem Haftpflichtgesetz lag sie geradezu in der Luft. Sie umfaßt „die Fälle, in denen die Verfolgung des einen Interesses nicht notwendig, sondern nur möglicher-, vielleicht nur entfernt möglicherweise eine Verletzung

---

[1]) Was Nußbaum S. 46 gegen Unger ausführt, ist unzutreffend; es beruht auf einer Verkennung des Wesens der Substitution.

[2]) Es ist einigermaßen auffällig, daß Isay, der Ungers Schrift gekannt hat (s. S. 115 Anm. 3), diese Bekanntschaft in dem entscheidenden Abschnitt ableugnet und Unger vollkommen ignoriert.

[3]) Edgar Löning, die Haftung des Staates aus rechtswidrigen Handlungen seiner Beamten nach deutschem Privat- und Staatsrecht 1879 S. 90: „Wer eine gefahrbringende Unternehmung betreibt, hat, wenn ihn auch keine Verschuldung trifft, doch die aus dem Betrieb entstehenden Unfälle und Beschädigungen veranlaßt. In dem Betriebe selbst liegt keine Verschuldung, denn derselbe ist nicht rechtswidrig; aber mit dem Betriebe ist die Gefahr gegeben. Die Gesellschaft, die solche gefahrvolle Betriebe gestattet, kann und muß verlangen, daß der Unternehmer auch diese Gefahr trägt, sie muß ihn schadensersatzpflichtig machen."

anderer Interessen mit sich bringt" (Rümelin I S. 45);[1]) speziell bei der Verwendung von Erfüllungsdienern im Betriebe soll die Gefährdung darin bestehen, daß „man bei eigener Besorgung sämtlicher Betriebsverrichtungen durch Anwendung der diligentia boni patrisfamilias eine große Anzahl von Verletzungen fremder Interessen abschneiden könne, während man die Gehilfen nicht in der Hand habe" (S. 47). Man ziehe die Folgerungen dieser „Rechtstendenz" (ihr Vater selbst spricht ihr die Eigenschaft eines juristischen Prinzipes ab, S. 56), die übrigens eine nicht zu verkennende Neigung zum Veranlassungsprinzip hat.[2]) Wenn ich deshalb hafte, weil ich das Publikum durch die Zuziehung des Erfüllungsdieners gefährde, und wenn die Gefährdung darin besteht, daß sich dieser möglicherweise Schädigungen zu schulden kommen läßt, die ich als sorgfältiger Mann vermieden hätte, folgt notwendig, daß ich von aller Haftung frei bin, wenn ich mit der Besorgung meiner Angelegenheiten einen Menschen betraue, der noch sorgfältiger ist als ich; denn dadurch wird ja das Publikum viel günstiger gestellt, die Möglichkeit einer Gefährdung ist jetzt viel geringer, als wenn ich selbst handelte. Das bürgerliche Gesetzbuch hat diese Folgerung nicht gezogen und damit auch Rümelins Theorie abgelehnt. — Hoffmann sucht die Gefährdung anderswo: „Dadurch, daß der Schuldner seine Obliegenheiten durch Andere ausführen läßt, setzt er die Möglichkeit, daß diese Anderen durch ihr Verhalten einen Schaden verursachen, den er selbst entweder nicht angerichtet oder wegen eigenen Verschuldens zu vertreten hätte" (S. 97); „hätte er persönlich gehandelt, so wäre er dem Gläubiger auf Grund des Kontraktes verantwortlich" (S. 103). Allein auch diese auf den ersten Blick bestechende Erwägung ist unrichtig. Denn es ist ja sehr wohl möglich (s. oben § 5 II) und trifft sogar in den praktisch wichtigsten Fällen meist zu, daß für den Gläubiger ein Anspruch auch gegen den Erfüllungsdiener entstanden ist. Hier könnte von einer juristischen Schädigung des Gläubigers auch dann keine Rede sein, wenn ihm das Gesetz einen Anspruch gegen den Schuldner nicht gäbe; stände das bürgerliche Gesetzbuch auf dem Standpunkt der Gefährdungstheorie, so müßt es also in allen diesen Fällen den Schuldner für haftfrei erklären. Freilich kann man immer noch einwenden, daß wenigstens eine ökonomische Gefährdung bestehen bliebe, da regelmäßig beim Erfüllungsdiener wenig zu holen sein wird, so daß der Gläubiger vielfach leer ausginge; so sagt denn auch Hoffmann S. 177: „In der nahe liegenden Möglichkeit, daß der Gehilfe vermögenslos ist . . ., liegt die Größe der Gefahr". Diese Argumentation könnt aber für das Gesetz nur

[1]) Vgl. auch Fels S. 3, § 10 seiner Gegenvorschläge und die Begründung zum jetzigen § 833 in den Jahrb. für Nationalökonomie und Statistik 1893 S. 261. — Darüber, inwiefern der Gedanke der Gefährdungshaftung schon in der römischen Judikatur hervortrat, s. Mitteis im österr. Centralblatt f. d. jur. Praxis Bd. 15 S. 275.

[2]) Rümelin selbst macht S. 56 auf die Verwandtschaft seiner Theorie mit dem verkappten Veranlassungsprinzip Merkels aufmerksam; ebenso Merkel II S. 555 ff.

anerkannt werden, wenn es die unabweisliche Folgerung aus ihr zöge, den Anspruch gegen den Schuldner jedenfalls dann zu versagen, wenn der Erfüllungsdiener selbst dem Gläubiger verantwortlich und zugleich zahlungsfähig ist; worin soll in diesem Falle die Gefährdung liegen?

2. Den bisher behandelten Theorieen stehen die juristisch-konstruktiven gegenüber, die sich nach der juristischen Grundlage, auf der sie aufbauen, in zwei Gruppen gliedern.

a) Die erste erleichtert sich die Aufgabe sehr, indem sie sich ohne viel Bedenken auf den Standpunkt der Verschuldenshaftung stellt; sie behauptet das Vorhandensein einer Schuld oder das Vorliegen einer gleichwertigen Tatsache bei dem, dessen Verantwortlichkeit sie erklären möchte.

Am oberflächlichsten ist die Theorie des code civil, wie sie von der französischen Jurisprudenz entwickelt wurde (vgl. insbesondre Mayer, Gutachten S. 126 ff.): Es wird Verschulden fingiert. Der Knoten ist mit einem Schwerthieb durchhauen, aber nicht gelöst. Denn sofort erhebt sich die weitre Frage nach dem Grunde dieser Fiktion, worauf wir keine Antwort bekommen. „Eine Präsumtion ist keine Begründung" (Enneccerus II S. 106).[1])

Eine solche versuchte Dreyer de lege ferenda in seinem Gutachten für den 17. deutschen Juristentag in der Veranlassungstheorie zu geben, die von der Verschuldung im gewöhnlichen Sinn absieht und den Schuldbegriff als „Kausalität des ungünstigen Ausganges" auffaßt, indem sie „verschulden" und „schuld an etwas sein" unterscheidet:[2]) „Die Folgen eines beschädigenden Ereignisses fallen auf denjenigen zurück, welcher die tatsächliche Voraussetzung, die Ursache, hiezu gesetzt hat, und nicht auf denjenigen, welcher dem Ereignis gänzlich fremd gegenübersteht" (S. 99). Dieses Prinzip würde, da es auf die bloße Tatsache der Veranlassung das entscheidende Gewicht legt, zu den ungeheuerlichsten Ergebnissen führen, die mit unserm Rechtsgefühl unvereinbar sind. „Es wäre eigentlich nur der noch sicher vor Schadensersatzansprüchen, der sich überhaupt alles Handelns enthält, soweit das möglich ist" (Enneccerus II S. 108). „Der Aengstliche könnte seines Lebens nicht mehr froh werden, der Leichtsinnige würde auch die gebotene Vorsicht außer acht lassen" (Unger). Daß dem bürgerlichen Gesetzbuch das Veranlassungsprinzip, das übrigens auch von Schmidt S. 1186 befürwortet worden war, vollkommen fremd ist, braucht nicht erst gesagt zu werden.

Als verkapptes Veranlassungsprinzip stellt sich sowohl der Erklärungsversuch Merkels als der Cosacks dar. Merkel entwickelt das „Prinzip des aktiven Interesses": „Wer sein Interesse zum

---

[1]) Merkel III S. 291 nennt sie treffend eine Krücke des Verschuldungsprinzipes.

[2]) Sie wird von Jacques S. 134 gebilligt; für das römische Recht (!) vertritt sie Rang S. 71; vgl. Mayer (Debatte) S. 126, Binding S. 472: „Der Tätige hat auch seine Mittel zu verantworten; der Herr die Taten seiner Leute, sofern sie im Dienste verübt sind, der Unternehmer die schädlichen Wirkungen seines Betriebes."

Nachteil oder unter Gefährdung eines legitimen fremden Interesses geltend macht, wer „aktiv" wird, wer handelt zur Wahrung seines auf Kosten eines fremden Interesses, — der muß, auch wenn seine Handlung mit Rücksicht auf das Ueberwiegen seines in einer Kollision befindlichen Interesses als rechtmäßig sich darstellt, dem Anderen den Schaden ersetzen, der diesem durch die von der Gesamtheit diktierte Unterordnung seines Interesses unter dasjenige des Handelnden erwachsen ist" (Merkel I S. 160).[1] Es wird mithin alles auf die Tatsache abgestellt, daß der Verantwortliche „aktiv" geworden ist, daß er also der Veranlasser war. Uebrigens fühlt Merkel selbst, wie wenig sein Prinzip mit dem Gesetz übereinstimmt: „Die Regelung der Ersatzpflicht im Entwurf [dessen Bestimmungen im wesentlichen Gesetz geworden sind] scheint mir auch nach der zweiten Lesung keine völlig befriedigende" (S. 132); „im Entwurf wäre dem bezeichneten Gesichtspunkt [d. h. dem Prinzip des aktiven Interesses] in weiterem Umfang Anerkennung zu wünschen" (S. 176). — Cosack S. 257 erklärt, es handle sich um Haftung für Zufall, und zwar für innern Zufall, d. h. für einen solchen, der dem individuellen Lebenskreis entstamme, dessen Mittelpunkt der Verantwortliche sei. Das kann nichts andres heißen, als daß die Zurechnung des Verschuldens eines Erfüllungsmittlers, vom Haftenden aus gesehen, als Zurechnung eines Zufalls erscheint und daß ihm dieser Zufall deshalb zugerechnet wird, weil es „ein Unglück ist, das seinem Lebenskreis entspringt", d. h. weil es von seinem Kreis, ohne Bild gesprochen, von ihm selbst ausgegangen ist: weil er veranlaßt hat.

b) Die zweite Gruppe geht von dem Vorliegen eines Vertragsverhältnisses aus. Das einfachste und nächstliegende Mittel, alle Schwierigkeiten aus der Welt zu schaffen, ist natürlich auch hier wieder die Fiktion: Wer sich zur Erfüllung seiner Verbindlichkeit eines Andern bedient, übernimmt damit „stillschweigend" die Garantie für ordnungsmäßige Erfüllung durch diesen; wenn er behaupten und beweisen will, daß das gar nicht seine Absicht gewesen sei, läßt man ihn einfach nicht zu Wort kommen. So Gysler S. 87 ff.; vgl. auch das Reichsoberhandelsgericht in ROHG. Bd. 4 S. 245 unten, v. Blume, Rezension in der krit. Vierteljahrsschrift Bd. 38 (N. F. Bd. 2) S. 210 ff.; für einen besonders gelagerten Fall das Kammergericht im Recht 1902 S. 207. Auch in den Motiven Bd. II S. 30 findet sich dieser Gedanke. Es genügt, zu wiederholen, daß eine Fiktion keine Begründung ist.

Von größter Bedeutung für die Stellungnahme der gemeinrechtlichen Praxis war die hieher gehörige Erfolgstheorie, die Theorie des Reichsoberhandelsgerichtes und des Reichsgerichts,[2]

---

[1]) Er hat sein Prinzip dann noch einmal in der angeführten Rezension gegen Rümelin verteidigt. — Ohne den Namen findet es sich schon bei Mataja S. 41: „Wer das Unternehmen in Betrieb setzt, muß auch dessen schädliche Seite mit in den Kauf nehmen."

[2]) Uebrigens ist bezeichnend, daß in den Entscheidungen daneben auch noch andre Gründe herangezogen werden: man scheint also der Stichhaltigkeit der Erfolgstheorie nicht recht getraut zu haben. Vgl. außer den im Text bereits angeführten Urteilen insbesondre ROHG. Bd. 13 S. 77, Bd. 12 S. 79.

der Leonhard (Gutachten) S. 340 ff.[1]) und Asmis S. 55 f. folgen:[2]) Vertrag ist Versprechen eines Erfolges. „Der Unternehmer [das Reichsgericht ging vom conductor operis aus] verpflichtet sich nicht zu denjenigen auf die Bewirkung der verdungenen Leistung abzielenden einzelnen Handlungen, welche nach den konkreten Umständen von ihm persönlich als dem Unternehmer erwartet werden können, wozu etwa auch die sorgfältige Auswahl und nach Umständen auch Beaufsichtigung der Hilfsperson gehören mag, sondern er verpflichtet sich unmittelbar zur Herstellung des Endergebnisses im ganzen. Wer aber in dieser Weise kontrahiert, der hat es lediglich mit sich selbst abzumachen, wenn er aus irgend einem Grunde nicht in der Lage ist, das fragliche Ergebnis durch seine eigene alleinige Tätigkeit herbeizuführen. Er nimmt alle zur Ausführung etwa erforderlichen Hilfspersonen nur auf seine eigene Gefahr an" (Reichsgericht).[3]) Kommt das Endergebnis durch das Verschulden eines Erfüllungsdieners nicht zu Stande, so tritt also die Haftung deshalb ein, weil der Vertrag nicht ausgeführt wurde. Diese Theorie, die sich ursprünglich nur auf die locatio conductio operis bezog, erkannte das Reichsgericht dann für alle „auf Herbeiführung eines Erfolges gerichteten Verpflichtungen" an.[4]) — Doch eine Haftung in dieser Weise zu konstruieren, ist unbegründet: weil der Vertrag nicht erfüllt werden kann, erhält der Schuldner den ausbedungnen Lohn nicht; warum er außerdem auch noch für den Schaden aufkommen soll, den sein Erfüllungsdiener angerichtet hat, ist nicht einzusehen. Schlagend ist auch der Einwand, den Goldschmidt S. 359 ff. und viele nach ihm erhoben haben: Der Schuldner, der mit Rücksicht auf die Erfolgshaftung für Verschulden seines Erfüllungsdieners einstehen muß, ist konsequenterweise auch für Zufall verantwortlich zu machen; denn er hat nicht erfüllt, was er versprochen hatte, auch wenn ein casus die Unmöglichkeit der Erfüllung verursachte! Und doch wirds niemandem einfallen, eine Ausdehnung der Haftung bis auf Zufall zu befürworten.

In gewissem Sinn eine Modifikation der Erfolgstheorie ist das Prinzip der Haftung für unpersönliche Leistung, das Enneccerus in seinem Referate für den 17. deutschen Juristentag aufgestellt hat, indem er von dem Hartmannschen Begriff der Obligation ausging (ebenso in seinem Lehrbuch S. 478 f., im Anschluß an ihn

[1]) In seinen Ausführungen in der Debatte S. 112 will er, offenbar durch die Widerlegung von Enneccerus unsicher geworden, verschiedne Erfolge derselben vertragsmäßigen Handlung unterscheiden. Damit gibt er aber in Wirklichkeit die Erfolgstheorie auf; denn deren Grundlage ist eben, daß ins Auge gefaßt werden nicht die „einzelnen auf die Bewirkung abzielenden Handlungen, sondern die Herstellung des Endergebnisses im ganzen" (Reichsgericht).

[2]) Eine modifizierte Erfolgshaftung findet sich für die Werkverdingung bei Mathis S. 55 ff., der aber außerdem die Fiktion einer Garantieübernahme nicht verschmäht und überdies eine Art Veranlassungshaftung verwertet: eine reichhaltige Musterkarte der vor ihm angestellten Versuche, aber jedenfalls keine „eigene Konstruktion", wie er hinstellt.

[3]) RG. Bd. 10 S. 166 f.

[4]) RG. Bd. 33 S. 170.

Blau S. 45 ff.): „Wer eigene Leistung schuldet, schuldet eigene Diligenz; wer fremde Leistung schuldet, schuldet fremde Diligenz; wer eine Leistung, die durch eine noch nicht bestimmte, von ihm auszuwählende Person erfolgen soll, schuldet, der haftet für die Diligenz dessen, den er auswählt" (Enneccerus II S. 104). Windscheid (Pandekten Bd. II S. 695 Anm. 5)[1]) erwiderte, der Schuldner verspreche nicht fremde Leistung, sondern nur Bewirkung einer fremden Leistung, also Sorgfalt in der Bewirkung. Aber Enneccerus weist in seinem Lehrbuch S. 479 Anm. 3 treffend nach, daß das gerade für die in betracht kommenden Fälle falsch ist. Es sprechen andre Bedenken gegen ihn, die dem positiven Recht zu entnehmen sind: Es ist gar nicht richtig, daß derjenige, der die Leistung eines noch unbestimmten Dritten schuldet, für die Sorgfalt des von ihm Ausgewählten haftet; wir haben vielmehr gesehen (s. § 5 I), daß in allen Fällen, wo sichs um die Beobachtung eines gewissen Grades von Sorgfalt handelt, nach dem bürgerlichen Gesetzbuch nicht, wie Enneccerus behauptet, die des Ausgewählten, des Erfüllungsdieners maßgebend ist, sondern die des Schuldners. Dieser schuldet stets eigne, nie fremde Diligenz.

Davon, daß es dem Gläubiger nur darauf ankomme, „der Schuldner solle durch eine Arbeitskraft die Erfüllung veranlassen", also von der Unpersönlichkeit der Leistung, die er dann freilich etwas einschränkt, geht auch Wertheimer (S. 28 ff.) aus. Er will die Haftung des Schuldners daraus erklären, daß „die Arbeitskräfte, deren sich dieser bedienen dürfe, generell bestimmt seien, daß er also (!) ein genus schulde und deshalb wie alle anderen Gattungsschuldner trotz eines unverschuldeten Irrtums bei der Auswahl für die Gattungseigenschaften des ausgesonderten Individuums hafte". Aber zunächst ist schon die Annahme ganz willkürlich, daß der Schuldner schlechthin ein genus zu leisten habe. Das trifft jedenfalls nicht immer zu; je genauer die Mittel der Leistung bezeichnet sind, desto mehr wird sich die Schuld einer Speziesschuld nähern. Ja, es ist sogar leicht zu beweisen, daß sichs in allen hier in betracht kommenden Fällen um eine solche handelt. Denn nach § 243[2] wird jede Gattungs- zur Speziesschuld, wenn der Schuldner getan hat, was zur Leistung einer nur der Gattung nach bestimmten Sache seinerseits erforderlich ist; ob dies zutrifft, bemißt sich beim Fehlen besondrer Gesetzesvorschriften nach der vernünftigen Verkehrsanschauung. Nach dieser hat aber der Schuldner doch gewiß das Erforderliche vollbracht, wenn er einen einwandfreien Erfüllungsdiener zuzieht: von diesem Augenblick an ist eine Gattungsschuld nicht mehr vorhanden. Allein auch abgesehen davon ist die Konstruktion Wertheimers unhaltbar. Sie beruht darauf, daß der Gattungsschuldner nach § 243[1] eine Sache mittlerer Art und Güte zu liefern hat, und daß „dieser durchschnittlichen Sache gegenüber als Durchschnittsmensch derjenige erscheine, der die im Verkehr erforderliche

[1]) Dem Conradi S. 60 und Hoffmann S. 61 folgen; ebenso Nußbaum S. 47 Anm. 2, dessen anmaßende Kritik dieser geistvollen Theorie sehr wenig angebracht ist.

Sorgfalt beobachte". Diese Analogie ist verblüffend. Wertheimer scheint danach zu glauben, daß geschuldet werde nicht die Leistung, sondern die erfüllende Person (wie er denn auch S. 29 vom „Schulden einer Arbeitskraft", S. 31 gar von dem „geleisteten Individuum" spricht) — eine in keiner Weise begründete, willkürliche und unverständliche Anschauung, die nicht erst widerlegt zu werden braucht. Es kann sich höchstens um einen Vergleich handeln, aus dem man materielle Folgerungen nicht ziehen darf.

Gleichfalls von dem Vorhandensein eines Vertragsverhältnisses aber nicht des zwischen Schuldner und Gläubiger, sondern des zwischen Schuldner und Erfüllungsdiener bestehenden geht die Vollmachts- oder Vertretungstheorie aus:[1]) „Der Arbeiter [für diesen zunächst wurde das Prinzip entwickelt] handelt an Stelle des Arbeitgebers mit Wissen und Willen des letzteren. Der Vertreter, Gehilfe, Arbeiter verrichtet die Arbeit für den Prinzipal; dieser arbeitet durch seinen Vertreter, welcher seine Person ergänzt. Wenn auch der Prinzipal nicht handelt, so ist doch das Tun des Arbeiters seine Tat. Beruht auch das Verhältnis des Arbeiters zu seinem Arbeitgeber nicht auf einem Mandate, so besitzt er doch bezüglich der ihm anvertrauten Verrichtung Vollmacht"[2]) (Dreyer, Gutachen S. 95). „Entweder fahre ich selbst mit meinen Pferden, oder ich fahre durch meinen Kutscher; qui facit per alium, facit per se" (Dreyer, Debatte S. 117).[3]) Abgesehen davon, daß eine Haftung, die ihren Grund in Bevollmächtigung hat, durch Einschränkung der Vollmacht begrenzt werden könnte, jedenfalls, wenn die Einschränkung dem Gegenkontrahenten bekannt ist, — abgesehen davon ist diese Theorie insbesondre deshalb abzulehnen, weil sie auf einer sehr unglücklichen Verwechslung des Erfüllungsdieners und des Stellvertreters beruht, die nicht scharf genug auseinandergehalten werden können.

Auf die äußerste Spitze getrieben ist die Vertretungstheorie[4]) in der Werkzeugsthorie, wie sie besonders schroff von Schreiber[5]) entwickelt wurde: Die Tätigkeit des Gehilfen ist „eine Erweiterung der eigenen Leistungsfähigkeit des Meisters". Der Gehilfe ist nur „dessen Organ und stellt juristisch eine ideale Verlängerung des Armes oder

---

[1]) Vom Reichsgericht schon 1881 (RG. Bd. 5 S. 233) abgelehnt.

[2]) Wenn Dreyer später (Debatte S. 117) erklärt, „er stelle die Vollmacht nur als Tatsache hin", widerspricht er sich selbst; denn die Vollmacht kann eben nur eine Rechtshandlung, keine Tatsache sein.

[3]) Davon dürfte die „eigne" Konstruktion Abichts S. 46 ff. (dessen Ausführungen Welsch S. 58 ff. ohne Quellenangabe in unqualifizierbarer Weise — zum Teil wörtlich! — ausgeschrieben hat) sehr wenig abweichen; denn sie beruht darauf, daß die Tätigkeit des Gehilfen mit der des Unternehmers identifiziert werden müsse — also bloß eine stärkre Neigung zur Werkzeugstheorie. Vgl. auch Jung S. 137 oben und Endemann S. 501 Anm. 16: „Was der Gehilfe persönlich tatsächlich vollzieht, sind juristische Handlungen des Schuldners."

[4]) Ansätze dazu finden sich schon bei Dreyer, Gutachten S. 97.

[5]) Der Arbeitsvertrag nach heutigem österreichischen Privatrecht. Allg. österr. Gerichtszeitung Bd. 38 S. 98.

überhaupt des arbeitenden „Ich" des Meisters dar. Die Leistung des Gehilfen ist die Erfüllung des vom Meister mit dem Besteller geschlossenen Vertrages; also ist die Leistung des Gehilfen in bezug auf den Besteller als Leistung des Meisters rechtlich anzusehen". Dieser haftet daher für den Erfüllungsdiener in derselben Weise wie für sein Werkzeug.[1]) Man hat dagegen von mehrern Seiten mit Recht geltend gemacht, daß das nur ein Bild sei, und daß man den im Grunde doch kraft seines eignen Willens handelnden und immerhin rechtlich selbständigen Erfüllungsdiener nicht mit einem leb- und willenlosen Instrument vergleichen könne.[2]) Vom eigentlich juristischen Standpunkt aus ist einzuwenden, daß eine unbedingte Haftung für das Werkzeug gar nicht besteht, sondern daß immer ein eignes Verschulden des „Meisters" vorausgesetzt wird; folglich könnte diese Theorie logischerweise für Verschulden des Erfüllungsdieners den Schuldner nur dann verantwortlich machen, wenn er selbst in culpa ist, — das gerade Gegenteil von dem, was sie beabsichtigt.

In einer ganz eigenartigen Weise, von der geschichtlichen Entwicklung ausgehend, suchte Gierke[3]) das Problem zu lösen mit seiner Theorie der Verbindung von Herrschaftsverhältnis und Haftung. Den Grund der Verantwortlichkeit sieht er in einem Rest des alten häuslichen Verbandes, in einer personenrechtlichen Beziehung. Insofern wäre dieses Prinzip als drittes neben den Verschuldens- und den Vertragstheorien zu nennen. Aber Gierke kommt genau zu demselben Ergebnis wie die Werkzeugstheorie und ruft sogar dasselbe Bild zu Hilfe, den Vergleich mit einem Werkzeug, einem Organe: „Zu Grunde liegt die Vorstellung eines fehlerhaft funktionierenden Organismus."[4]) Es sind deshalb dagegen die gleichen Bedenken wie gegen die Werkzeugstheorie zu erheben. Dazu kommt, daß § 278 durchaus nicht das Vorliegen eines Herrschaftsverhältnisses verlangt; vielmehr besteht in den praktisch wichtigsten Fällen nur ein rein privatrechtliches Schuldverhältnis. Endlich scheitert auch Gierkes Versuch daran, daß das Gesetz außerhalb der Obligationen eine Zurechnung fremden Verschuldens in Form der Entstehung einer Haftung nicht kennt. Gierke hat ja auch diese Theorie nicht gegenüber dem bürgerlichen Gesetzbuch aufgestellt und würde sie zu dessen Erklärung wohl kaum verwerten.

---

[1]) Die Werkzeugstheorie vertritt auch Burchardi S. 14, 146; ebenso mit einer ganz kleinen Modifikation Meinke S. 48 ff., der sie aber für sein eignes Geistesprodukt ausgeben möchte. Mayer S. 134 (Gutachten) befürwortet sie. Vgl. auch Reichsoberhandelsgericht: „Die Gehilfen sind hier nur als Arbeitsorgane gleich physischen Werkzeugen zu betrachten" (ROHG. Bd. 4 S. 246).

[2]) Freilich ist zu beachten, daß dasselbe Bild der vom bürgerlichen Gesetzbuch beliebten Konstruktion des Besitzdienerverhältnisses (§ 855) zu Grunde liegt: Der Besitzer übt die Herrschaft über die Sache durch den Besitzdiener als sein Werkzeug aus!

[3]) Die Genossenschaftstheorie und die deutsche Rechtsprechung 1887 S. 803 f.

[4]) Vgl. auch Gierke, Die soziale Aufgabe des Privatrechts 1889 S. 34: „Wir bedürfen einer Haftung für fremdes Verschulden nicht bloß in Vertragsverhältnissen, sobald sich jemand Anderer als Werkzeuge bedient, sondern darüber hinaus in allen Fällen, in denen ein Menschenverband als eine durch ein Haupt dargestellte Einheit, hinter welcher die einzelnen eingegliederten Individuen verschwinden, in die Außenwelt tritt."

§ 8. B. Die Modifikationen des Regelfalles.

In einigen Fällen sieht das Gesetz Zurechnung fremden Verschuldens in Form der Entstehung einer Schadensersatzpflicht in einer vom Prinzip des § 278 abweichenden Weise vor, indem es dieses entweder erweitert oder beschränkt.

I. Erweitert insofern, als mitunter gewisse Voraussetzungen nicht verlangt werden, die nach dem Regelfall gegeben sein müssen.

1. § 278 erfordert, daß ein Schuldner, also ein bereits zu einer Leistung Verpflichteter, seine Verbindlichkeit durch einen Andern erfüllen läßt. Nach § 122 mit § 120 entsteht dagegen eine Schadensersatzpflicht bei unrichtiger Uebermittlung einer Willenserklärung durch die dazu verwendete Person oder Anstalt [1]), auch wenn eine Verpflichtung zur Abgabe der Erklärung nicht vorhanden war. Wohl ists möglich, daß sie bestand; dann stellt § 120 insofern nur eine Anwendung des § 278 dar. Wenn das nicht der Fall ist — und das trifft sehr häufig zu —, ist eine Erweiterung des Prinzips gegeben.

Ebenso bei der Haftung, die dem veräußernden oder belastenden Vermieter eines Grundstücks in den §§ 571, 577, 579 dafür auferlegt ist, daß der Erwerber gegenüber dem Mieter die aus dem Mietvertrag entspringenden Pflichten erfüllt. Eine Abweichung liegt in dieser Bestimmung deshalb, weil der Erwerber als Substitut des Vermieters hinsichtlich dessen Vermieterpflichten erscheint. Denn darüber, daß dieser berechtigt ist, die Mietsache zu veräußern, kann ein Zweifel nicht bestehen; er überträgt befugt seine Verbindlichkeit gegen den Mieter auf den Erwerber und scheidet also aus dem Schuldverhältnis ganz aus. Er würde somit nach § 278 nicht in Anspruch genommen werden können, da Substituten nicht zu den Erfüllungsdienern gehören (s. oben § 3 II 2 b). Davon bestimmt § 571 eine Ausnahme und modifiziert so den § 278 in einer nicht unbeträchtlichen Weise. [2]) — Eine dem § 571 ganz entsprechende Vorschrift enthält § 1251² für die Haftung des Pfandgläubigers.

Eine dritte Erweiterung des Prinzipes liegt bei der Ersatzpflicht des Gastwirts für Verlust und Beschädigung eingebrachter Sachen nach § 701 vor [3]). Zwar, daß kein Unterschied gemacht ist, ob diese den Angestellten des Wirtes oder ihm selbst übergeben wurden, ist nichts als eine Wiederholung der Regel des § 278. Aber § 701 begnügt sich damit, daß die Personen, die die Sachen entgegennahmen, nur den Umständen nach als dazu berechtigt anzusehen waren; er setzt also nicht voraus, daß zwischen dem Verantwortlichen und dem Täter ein irgendwie geartetes Rechtsverhältnis bestehe, daß dieser von dem Schuldner (dem

---

[1]) Es handelt sich um zeitweilige Zurechnung fremden Verschuldens, da ein Verschulden der Person oder der Anstalt nicht notwendige Voraussetzung ist.

[2]) § 571 ist in § 1056 ¹ für entsprechend anwendbar erklärt, dieser wieder in den §§ 1423, 1663, 2135; vgl. auch § 581 ².

[3]) Auch ein Fall zeitweiliger Zurechnung; denn davon, daß der Schaden gerade infolge eines Verschuldens eingetreten sein müsse, sagt das Gesetz nichts.

Wirt) zur Erfüllung einer Verbindlichkeit zugezogen sei. Der Wirt haftet danach für jeden, der sich für einen Angestellten des Gasthofs ausgibt und das Gepäck der Reisenden am Bahnhof in Empfang nimmt, um es zu unterschlagen. Davon, daß der Schwindler nach dem Willen des Wirtes tätig geworden wäre, kann keine Rede sein; das gerade Gegenteil trifft zu.

Nach derselben Richtung wie in dem letzten Fall bewegt sich die Abweichung vom Prinzip des § 278 in vier Paragraphen, denen zufolge der Schuldner dem Gläubiger gegenüber die Gefahr eines Zufalls oder die „Gefahr" schlechthin [1]) tragen, für zufällige Beschädigung des Leistungsgegenstandes aufkommen muß: §§ 270, 588^{1a}, 811^{2a}, 1048^{2} [2]). Es wird damit ausgesprochen, daß ihn auch dann eine Schadensersatzpflicht treffen soll, wenn durch das Verschulden eines Dritten jene Beschädigung herbeigeführt wurde, während ihm selbst ein Vorwurf in keiner Weise gemacht werden kann, so daß wirs hier mit zeitweiliger Zurechnung zu tun haben: Aber nicht etwa bloß durch das Verschulden eines Erfüllungsdieners, sondern durch das irgend eines beliebigen Menschen, zu dem er in keinerlei privatrechtlicher Beziehung steht; sogar für den Dieb, der die zu leistende Sache stiehlt, hat er also in diesen Ausnahmeverhältnissen einzustehen.

2. Wenn aber der Gesetzgeber hier insofern die Verantwortlichkeitsschranke nach dieser Seite hin weit über das Prinzip des § 278 hinausrückt, schiebt er sie in den ersten drei Fällen zugleich auf einer andern Seite zurück. Während nämlich der Anspruch bei der gewöhnlichen Haftung für fremdes Verschulden nur durch Verjährung ausgeschlossen wird, ist er in den Fällen der §§ 571 und 701 gesetzlich befristet, nach dem zweiten sogar an unverzügliche Geltendmachung gebunden (§ 703); aus dem begrifflichen Unterschied zwischen Verjährung und Befristung folgt, daß auch dann, wenn die gesetzliche Frist nicht kürzer ist als die Verjährungsfrist (§ 571 mit § 567!), ein bedeutender, hier nicht näher zu erörternder Unterschied besteht, indem namentlich das befristete Recht vollständiger aufgehoben wird, als das der Verjährung unterworfne. Bei der Verantwortlichkeit aus § 120 ist der Umfang der Schadensersatzpflicht viel geringer als im Regelfall; denn es ist nicht der ganze entstandne Schaden einschließlich des entgangnen Gewinnes (s. oben § 5 II), sondern nur das negative Vertragsinteresse zu ersetzen.

---

[1]) Dagegen gehören nicht hieher die Paragraphen, nach denen mit einem bestimmten Zeitpunkt die Gefahr vom Schuldner auf den Gläubiger übergeht (§§ 300^{2}, 379^{2}, 446^{1a}, 447^{1}, 2380); denn das heißt nichts andres, als daß von da an das Schuldverhältnis beendet sei.

[2]) §§ 270 (vgl. dazu § 644^{1b}) und 848 dürfen dagegen nicht hier eingereiht werden; denn die darin ausgesprochne Steigerung der Haftung bis zu Zufall bestimmt der Gesetzgeber deshalb, weil der Schuldner in Verzug gekommen ist, d. h. seine rechtsgeschäftliche Pflicht verletzt, oder weil er eine unerlaubte Handlung begangen hat: es handelt sich also um die Folgen der Zurechnung *eignen* Verschuldens.

II. Die angeführten Einschränkungen beziehen sich jedoch bloß auf die Modalitäten der Ersatzpflicht. Diese selbst wird nur in einem einzigen, freilich sehr wichtigen Fall gegenüber § 278 beschränkt: durch § 549² [1]). Wie wir oben (§ 3 II 2 c) gesehen haben, ist an sich Erfüllungsdiener jeder, dem der Schuldner eine qualifizierte Einwirkungsmöglichkeit auf den Leistungsgegenstand gewährt; für die Miete zieht dagegen der genannte Paragraph den Kreis der Erfüllungsdiener enger. Er bestimmt nämlich, daß hier nur der als solcher anzusehen sei, dem der Gebrauch der Mietsache überlassen ist. Freilich hat man geleugnet, daß sich die Gebrauchsüberlassung von der Einräumung der Einwirkungsmöglichkeit unterscheide, indem man speziell für den Wohnungsmieter behauptete, [2]) er hafte nach § 549² für das Verschulden seiner Familie schlechthin, seines Gesindes und selbst seiner Gäste, „weil er sie zum Mitgebrauch der Sache zulasse oder sie zur Mitbeaufsichtigung der Sache heranziehe" (Kipp). Das beruht aber auf einer Verwechslung von Einwirkungsmöglichkeit und Gebrauch. Man nehm ein Beispiel aus dem Leben: Ein Kaufmann gestattet dem Publikum das Eintreten in seinen Laden und damit die Möglichkeit der Einwirkung auf diesen sehr gern, wünscht sie sogar; doch wird er sich entschieden dagegen verwahren, daß sich ein Kunde Gebrauch am Laden anmaßt. Dieselbe Bedeutung wie im Verkehr hat das Wort Gebrauch auch im Gesetz da, wo es im technischen Sinn verwendet wird [3]): es ist darunter unmittelbarer Besitz zu verstehen. Gerade bei der Miete sollte darüber kein Zweifel sein; denn eine der wesentlichsten Verpflichtungen des Vermieters ist es (§ 535), dem Mieter den „Gebrauch" der Mietsache zu gewähren, und das kann nach dem Wesen dieses Rechtsverhältnisses nur bedeuten, ihn in den unmittelbaren Besitz der Sache zu setzen. Solchen hat aber der Dienstbote gemäß § 855 nie; der Familienangehörige und der Gast nicht notwendig. Denn nach richtiger Ansicht wird jedenfalls der nicht Besitzer, der den Besitz nicht will, was beim Gast fast immer zutreffen

---

[1]) Die Ansicht Brückners S. 339, die Haftung des Mieters für den Untermieter gehe über die für „gewöhnliche Gehilfen" hinaus, ist nicht begründet; s. gegen ihn insbesondre Blau S. 28 ff. Unrichtig ist auch die Meinung Ungers (Unger I S. 374 Anm. 25), daß der Untermieter als Substitut des Mieters aufzufassen sei, und daß § 549² insofern eine Erweiterung des § 278 darstelle, unter den der Substitut nicht fällt. Denn auch wenn dem Mieter die Gebrauchsüberlassung gestattet ist, wird er durch diese doch nicht seiner Pflichten gegenüber dem Vermieter ledig; der Untermieter (richtiger der Gebrauchszessionar überhaupt) ist also nicht sein Substitut, sondern sein Erfüllungsdiener. — § 549² ist in § 581² für entsprechend anwendbar erklärt.

[2]) So ausdrücklich Kipp S. 93, Rehbein S. 109, Hoffmann S. 143 ff. und Wendt S. 67 f. (der aber noch viel weiter geht; vgl. S. 18 Anm. 2.) Zu demselben Ergebnis müssen wohl auch die gelangen, die § 549² ausnahmslos als Konsequenz des § 278 auffassen; es sind das Planck S. 51, Staudinger S. 316, Mittelstein S. 144, Blau S. 29. Für diese Ansicht werden immer nur die Worte aus den Motiven Bd. II S. 397 angeführt, daß die Vorschrift des jetzigen § 549² der des jetzigen § 278 entsprechen solle; eine derartige Anschauung hat aber im Gesetz keinen Ausdruck gefunden, so daß jene Aeußerung der Motive nicht beachtet werden kann.

[3]) Vgl. dagegen §§ 92, 200, 281², 633¹, 839³ und viele andre.

wird. Freilich kann dieser im Einzelfall den Besitz wollen, und der Gastgeber kann ihm auch im Einzelfall den Gebrauch mit den sich daraus ergebenden Obhutspflichten übertragen wollen, z. B. wenn er ihm einen von der eigentlichen Wohnung völlig getrennten Raum als Zimmer anweist. Aehnlich ists beim Familienangehörigen, wenn etwa der Mieter eine Reise unternimmt. Deshalb ist auch die Ansicht [1]) nicht ganz richtig, die den Mieter für die genannten Personenklassen schlechterdings nicht haften läßt. [2])

§ 9. II. Zurechnung in Form der Entstehung einer sonstigen Leistungspflicht.

Gegenüber der auf fremdem Verschulden beruhenden Schadensersatzpflicht haben die Fälle, wo eine sonstige Leistungspflicht [3]) als Folge davon begründet wird, daß jemand für einen Andern einstehen muß, nicht nur für das Leben, sondern auch für die Theorie bloß untergeordnete Bedeutung. Sie sind im ganzen Gesetz zerstreut und entbehren eines einheitlichen Prinzipes. Mit Ausnahme der §§ 123²ᵃ und 324 erscheinen sie sämtlich als zeitweilige Zurechnung.

Zunächst kommt die Bestimmung des § 123²ᵃ in betracht. Wer zur Abgabe einer Willenserklärung gegenüber einem Andern durch arglistige Täuschung eines Dritten bestimmt wurde, ist im allgemeinen an diese Erklärung gebunden und kann sie nicht — wie sonst — anfechten; er muß also die Leistung, auf die sie abzielt, vollbringen, weil der Dritte schuldhaft gehandelt hat. Freilich braucht ihm daraus nicht notwendig ein Schaden zu erwachsen, und überdies hat er, wenn dies zutreffen sollte, einen Ersatzanspruch gegen den Dritten nach § 823; das nimmt aber seiner Verpflichtung den Zurechnungscharakter nicht, da auch eine rein juristische Zurechnung — eine solche steht hier in Frage — echte Zurechnung ist.

Einen weitern Fall enthält § 279, wonach der Schuldner einer Gattungssache durch unverschuldetes Unvermögen zur Leistung nicht befreit wird, sondern zur Leistung einer neuen Gattungssache verpflichtet ist. Um Schadensersatz kann sichs dabei nicht handeln, weil ja der Gläubiger einen Schaden gar nicht erlitten hat.

Ebenso gehört § 324 (vgl. § 440) hieher: Wenn bei einem gegenseitigen Vertrage zwischen A und B ein Erfüllungsmittler des A die dem B obliegende Leistung schuldhaft unmöglich macht, wird B von der Leistungspflicht entbunden, während A seine Leistung vollziehen muß, obwohl er also die Gegenleistung nicht bekommt: nach § 323 würd auch er frei, wenn die Unmöglichkeit nicht auf einem Ver-

---

[1]) Crome S. 560 Anm. 10; Nußbaum S. 63.

[2]) Richtig dagegen Staudinger S. 316; Mittelstein S. 145 (diese beiden also, obwohl sie § 549² für einen Anwendungsfall des § 278 schlechthin erklären, was unmöglich zusammenstimmt); Neumann S. 253; wohl auch Oertmann S. 271 (im Anschluß an diesen Rosin S. 41).

[3]) Leistung im Sinn des § 241.

schulden seines Mittlers beruhte; dieses begründet für ihn eine Leistungspflicht.

Auch an § 617 ist zu erinnern: die Pflicht zur Verpflegung und ärztlichen Behandlung, die darin für den Dienstherrn bei Erkrankung einer bestimmten Klasse von Dienstverpflichteten festgesetzt ist, wird nur durch den Nachweis ausgeschlossen, daß der Verpflichtete die Erkrankung vorsätzlich oder durch grobe Fahrlässigkeit herbeigeführt hat. Es kann nicht bezweifelt werden, daß jeder Grad der Fahrlässigkeit, also auch bloß leichte Fahrlässigkeit, Verschulden ist, das an sich nach den allgemeinen Grundsätzen von dem, dem es zur Last fällt, zu vertreten wäre. Allein der Gesetzgeber bestimmt, daß es den Anspruch gegen den Dienstherrn nicht ausschließen, somit diesem zugerechnet werden solle; insofern entsteht für ihn eine Leistungspflicht infolge eines Verschuldens des Dienstverpflichteten.[1]

Der letzte Fall dieser Zurechnungsart innerhalb des Obligationenrechts ergibt sich aus der vom bürgerlichen Gesetzbuch für die Schuldverschreibung auf den Inhaber angenommnen Kreationstheorie: Der Aussteller wird aus der Schuldverschreibung auch dann verpflichtet, wenn sie ihm gestohlen worden oder verloren gegangen oder wenn sie sonst ohne seinen Willen in den Verkehr gelangt ist (§ 794). Weil die Urkunde von einem Unberechtigten, also durch das Verschulden eines Andern — ein solches ist wenigstens in den allermeisten Fällen die Ursache — in Umlauf gesetzt wurde, wird der Aussteller auf das in der Urkunde abgegebne Zahlungsversprechen in Anspruch genommen, ohne daß erst untersucht würde, ob ihn selbst irgend eine Schuld (etwa fahrlässige Ermöglichung der vorzeitigen Begebung) trifft oder nicht; ja sogar dann, wenn er beweisen könnte, daß er völlig vorwurfsfrei gehandelt hat.

Endlich ist noch aus dem ehelichen Güterrecht die Haftung anzuführen, die nach drei Güterarten den Ehemann persönlich als Gesamtschuldner für solche Verbindlichkeiten seiner Frau trifft, die Gesamtgutsverbindlichkeiten sind; das ist der Fall bei der allgemeinen Gütergemeinschaft (§ 1459²), der Errungenschaftsgemeinschaft (§ 1530²) und der Fahrnisgemeinschaft (§ 1549). Wenn auch der Mann als Gesamtschuldner haftet, und deshalb Voraussetzung seiner Haftung nicht ist, daß die Frau ihre rechtsgeschäftlichen Verpflichtungen nicht erfüllt hat, daß sie sich in Verschulden befindet: so ist doch sehr wohl möglich, daß dies zutrifft. Es gehören ja zu den vom Gesamtgut zu tragenden Verbindlichkeiten auch die aus einer unerlaubten Handlung der Frau. Daß sie nach § 1463 Ziffer 1 endgültig der Frau zur Last fallen, kann der Haftung des Mannes, wie schon öfters betont, die Eigenschaft der juristischen Zurechnung nicht nehmen.

---

[1]) Dagegen gehören die scheinbar verwandten Fälle, wo der Schuldner dem Gläubiger nur für Vorsatz und grobe Fahrlässigkeit haftet, (§§ 521, 599, 680, 968) nicht hieher. Wenn er ihn leicht fahrlässig (also schuldhaft) schädigt, entsteht für den Gläubiger zwar eine Pflicht zur Schadenstragung, aber keine Leistungspflicht.

Zweiter Abschnitt.

Zurechnung in Form des Verlustes eines Rechts.

§ 10. I. In Form der Suspendierung eines Rechts.

Zunächst einige Worte zur Rechtfertigung der Unterscheidung Zurechnung in Form der Entstehung einer Pflicht und in Form des Verlustes eines Rechts. Man könnte vielleicht geltend machen, daß dem Verlust eines Rechts notwendig die Entstehung einer Pflicht entspreche, daß sich diese nur als seine Kehrseite darstelle: wer die Einwirkung auf sein Eigentum nicht verbieten darf, muß die Einwirkung gestatten. Ein solcher Einwand wäre jedoch nicht begründet; es handelt sich dabei um mehr als einen Streit um Worte. In den Fällen, die wir bisher betrachtet haben, äußert sich die Zurechnung dadurch, daß direkt eine Pflicht und weiter nichts entsteht. Hier dagegen ist seine nächste Folge, daß es ein an sich gegebnes Recht in gewisser Richtung außer Kraft setzt, wodurch dann allerdings eine Pflicht ausgelöst wird. Während aber dort das fremde Verschulden die unmittelbare Ursache der Begründung einer Pflicht ist, erscheint es hier nur als mittelbare; es bewirkt den Verlust eines Rechts, und erst dieser führt zur Bildung einer Pflicht. Zwischen den beiden Gruppen besteht also ein sehr bemerkenswerter Unterschied.

I. Regel ist, daß dem Inhaber eines Rechts die sich daraus ergebenden Ansprüche solang zustehen, als ihm das Recht zusteht. Ausnahmsweise wird aber vom Gesetz mit Rücksicht auf öffentliche Interessen trotz Fortbestandes des Rechts seine Geltendmachung unter bestimmten Voraussetzungen suspendiert: insofern kann man von einer Hemmung des Anspruchs reden. Sobald jedoch jene Voraussetzungen fortgefallen sind, tritt das Recht wieder in vollste Wirksamkeit. In den wichtigsten hieher gehörenden Fällen handelt sichs um Zurechnung fremden Verschuldens.

Gemeinsam ist ihnen im Gegensatz zu den oben behandelten Bestimmungen, daß sie niemals eine Vermögenseinbuße mit sich bringen: es steht hier immer nur eine rein juristische, keine ökonomische Zurechnung in Frage. Denn stets spricht das Gesetz ausdrücklich aus, daß der, zu dessen Gunsten das Verbietungsrecht zessiert, den infolge seines Verschuldens entstandnen Schaden ersetzen muß; in dem Fall des § 867 kann sogar, wenn die Entstehung eines Schadens bloß zu besorgen ist, Sicherheitsleistung verlangt werden, und bis zu deren Erlegung bleibt im allgemeinen das Weigerungsrecht bestehen. Ferner handelt sichs immer um dingliche Rechte, so daß also der einer bestimmten Person gegenüber ausgeschloßne Anspruch seine Wirksamkeit gegen alle Andern nicht verliert. Endlich ist stets zeitweilige Zurechnung in dem oben erörterten Sinn gegeben.

II. Die einzelnen, sehr wenigen Fälle bieten keine Besonderheiten; es genügt deshalb für unsern Zweck, sie ohne eingehendre Betrachtung aufzuzählen: Der Grundstückseigentümer muß sich dem Abholungsanspruch nach § 867 beugen und das Betreten seines Grundstücks zur Verfolgung eines fremden ausgezognen, unverzüglich verfolgten Bienenschwarms gestatten. Ist dieser in eine nicht besetzte Bienenwohnung eingezogen, so hat der, dem sie gehört, zu dulden, daß die Zellen geöffnet und die Waben herausgenommen oder herausgebrochen werden (§ 962). Der Eigentümer darf überhaupt irgendwelche Einwirkung auf seine Sache nicht verbieten, wenn die Voraussetzung der Selbstverteidigung oder des Notstands vorliegen (§§ 227, 228, 904).

Ueberall wird hier zeitweilig fremdes Verschulden zugerechnet. Denn das Gesetz nimmt keine Rücksicht darauf, ob der, dem gegenüber das Recht suspendiert wird, in die Notlage durch eignes Verschulden gekommen ist, oder ob er vollkommen vorwurfsfrei gehandelt hat. Das Eigentum muß zurücktreten, auch wenn z. B. der Notstand von dem Bedrängten fahrlässig herbeigeführt wurde, vielleicht sogar vorsätzlich (etwa in selbstmörderischer Absicht, von der ihn aber die Lebensgefahr im letzten Augenblick noch abbringt).

§ 11. II. Zurechnung in Form des dauernden Verlustes eines Rechts.

Unvergleichlich wichtiger als die Fälle, in denen infolge fremden Verschuldens ein Recht für eine bestimmte (sehr kurze!) Zeit außer Kraft tritt, um nach dem Wegfallen der erforderlichen Voraussetzungen wieder voll wirksam zu werden, sind die Bestimmungen, wonach ein Recht aus demselben Grunde ganz und gar, für immer verloren geht. Je nachdem sichs um ein Forderungs- oder ein dingliches Recht handelt, lassen sich zwei Gruppen unterscheiden.

I. Wenn wir die erste betrachten, zeigt sich eine ähnliche Inkonsequenz wie die oben festgestellte: Während das Gesetz die Zurechnung in den §§ 325 und 338 nur durch das Wort „vertreten“ andeutet und in andern Vorschriften überhaupt jeden Hinweis unterläßt, gibt es in den §§ 254, 351, 353 seinem Willen dadurch Ausdruck, daß es bestimmt, § 278 solle „entsprechende“ Anwendung finden — eine befremdende, durch nichts gerechtfertigte Unterscheidung.

1. An sich wäre freilich die Bezugnahme auf § 278 nicht zu tadeln; insbesondre nicht etwa deshalb, weil er eine Schadensersatzpflicht begründe, während in den uns hier interessierenden Fällen der Verlust eines Rechts in Frage stehe. Denn nach § 278 kann sich theoretisch die Zurechnung fremden Verschuldens sehr wohl auch in dieser Form äußern; es heißt ja nicht, daß der Schuldner den von

seinem Mittler angestifteten Schaden zu ersetzen, sondern daß er dessen Verschulden zu vertreten habe. Allein tatsächlich ist diese Möglichkeit ohne alle Bedeutung: in dem einen praktisch erheblichern Falle, daß der Versicherungsnehmer den Anspruch gegen die Versicherungsgesellschaft verliert, wenn sein Mittler die Reparatur des versicherten Gegenstands schuldhaft unterlassen oder ungehörig ausgeführt hat, ist die Vertretungspflicht immer vertragsmäßig festgelegt; im zweiten, beim Rücktritt, ist sie vom Gesetz besonders ausgesprochen. Die Voraussetzungen, unter denen § 278 Platz greift, sind natürlich dieselben, ob er nun zur Entstehung einer Schadensersatzpflicht oder zum Verlust eines Rechts führt; es genügt deshalb, auf unsre frühern Ausführungen zu verweisen.

2. Die wichtigste und schwierigste Bestimmung, die außerdem in betracht kommt, enthält § 254:[1] Im allgemeinen kann der durch das Verschulden eines Andern Beschädigte Ersatz des entstandnen Schadens verlangen; er verliert aber nach dem genannten Paragraphen dieses Recht, wenn ihn ein konkurrierendes Verschulden trifft, wobei der zweite Absatz ausführt, inwiefern ein solches Verschulden auch in einer Unterlassung liegen kann; der Schlußsatz des Absatzes 2 lautet: Die Vorschrift des § 278 findet entsprechende Anwendung. Diese Bestimmung ist nicht ganz leicht verständlich.

Schon ihre Stellung kann Bedenken erregen. Es ist im bürgerlichen Gesetzbuch streng durchgeführt, daß bei einem aus mehrern Absätzen bestehenden Paragraphen die Anordnung, wonach andre Vorschriften auf den ganzen Paragraphen entsprechend angewendet werden sollen, in einem besondern Absatz getroffen wird (vgl. §§ 1926, 2028, 2180 u. a.); hat sie dagegen nur einen einzelnen Absatz im Auge, so wird sie diesem als Satz oder Halbsatz beigefügt (vgl. §§ 1957^2, 2153^2 u. a.). Dieses Verfahren ist auch logisch allein richtig. Danach erstreckt sich in unserm Falle die in § 254^{2b} ausgesprochne Gleichstellung des Verschuldens eines Erfüllungsmittlers mit dem eignen nur auf die Bestimmung von Abs. 2 Satz 1, nur auf die darin enthaltne Anwendung der Regel des ersten Absatzes und nicht auf diese selbst. Das scheint denn auch die herrschende Meinung zu sein, wenns auch bloß von Cohn S. 118 klar ausgesprochen wird; die meisten halten es offenbar für selbstverständlich, indem sie immer nur von einer entsprechenden Anwendung auf den zweiten Absatz des § 254 reden.[2]

Recht befriedigend ist dieses Ergebnis freilich nicht; denn es ist nicht einzusehen, warum § 278 nur auf den in Abs. 2 ausgesprochnen besondern Fall, nicht auch auf das Prinzip angewendet werden soll. Von diesem Gefühl getrieben, hat man auf andre Weise zu helfen gesucht. Neumann S. 134 und im Anschluß an ihn Rospatt (im Recht 1902 S. 96) wollen unter dem „Verschulden" des Beschädigten, von dem der erste Absatz spricht, ein eignes oder von ihm zu vertretendes Verschulden verstehen, so daß § 278 schlechthin zur An-

[1]) Er ist in § 846, dieser wieder in § 618^3 für anwendbar erklärt.

[2]) Planck S. 26; Oertmann S. 17; Schollmeyer S. 17; Linckelmann S. 59; Blau S. 23.

wendung käme. Das müßt aber einmal dazu führen, die Verweisung auf diesen für überflüssig zu erklären, während doch im Zweifel anzunehmen ist, daß alle Bestimmungen des Gesetzes auch wirklich notwendig sind; außerdem — das ist die Hauptsache — beruht dieser Versuch auf einer Verkennung des Unterschieds zwischen „verschulden" und „vertreten", den das bürgerliche Gesetzbuch konsequent durchführt: Vertretungspflicht ist „der technische Ausdruck des Gesetzes zur Zusammenfassung aller Haftungsgründe, mögen sie sich auf das Verschulden gründen oder ohne dieses eintreten" (Endemann S. 582); wo von Verschulden gesprochen wird, ist nur das eigne Verschulden gemeint. — Rospatt will dann für den Fall der Ablehnung dieser Konstruktion wenigstens die Anwendbarkeit des § 831 auf § 254 rechtfertigen. Er geht davon aus, daß nach § 831 der Verantwortliche für präsumtiv eignes Verschulden haftet, und meint, es sei somit das in § 254 verlangte eigne Verschulden gegeben; er bürdet demgemäß dem Beschädigten den Beweis seiner Schuldlosigkeit (§ 831 1b) auf. Allein Heuer hat im Recht 1902 S. 147 treffend nachgewiesen, daß die Präsumtion des § 831 hier nicht Platz greifen könne, weil sonst der Geschäftsherr nicht für einen Schaden, der einem Dritten zugefügt wurde, dem Dritten haftete, sondern sich selbst gegenüber das Verschulden seines Bestellten verträte — weil also die Voraussetzungen des § 831 nicht gegeben sind.

Die Schwierigkeiten sind aber noch nicht zu Ende. Inwiefern soll oder kann denn § 278 entsprechende Anwendung finden? Er setzt voraus, daß sich ein Schuldner und ein Gläubiger gegenüberstehen; wem fallen hier diese Rollen zu? worin besteht hier die Verbindlichkeit? Man nehm ein Beispiel aus dem Mietvertrag: Der Plafond eines Zimmers weist bedenkliche Risse auf und droht herabzustürzen, wovon der Mieter dem Vermieter Anzeige macht; dieser tut jedoch nicht das Geringste, um Abhilfe zu schaffen. Der Einsturz der Decke erfolgt wirklich, und der entstehende Schaden ist deshalb außerordentlich groß, weil die Frau des auf Reisen abwesenden Mieters kostbare zerbrechliche Gegenstände, die im Zimmer aufgestellt waren, hat stehen lassen, obwohl sie den Einsturz voraussehen mußte. Eine Verbindlichkeit, jene Gegenstände zu entfernen, war freilich für den Mieter, also auch für seine Frau, durch den Mietvertrag ganz gewiß nicht begründet. Dagegen steht nichts im Weg, anzunehmen, daß sichs um eine auf dem Gesetz beruhende Verbindlichkeit handelt.[1]) Denn dieses verlangt eben von dem durch das Verhalten eines Andern mit Schaden Bedrohten ein Tun — ein Aufmerksammachen, Abwenden oder Mindern — und knüpft an die Unterlassung privatrechtliche Folgen. Und § 278 soll ja auch für Legalobligationen gelten (Mot. Bd. II S. 29). Die Stellung des „Gläubigers" nimmt

[1]) Cohn S. 128 scheint darauf, ob eine irgendwie geartete Verbindlichkeit vorliegt, gar kein Gewicht zu legen: „Von einer entsprechenden Anwendung des § 278 kann ferner insoferne die Rede sein, als der Fall ein Schuldverhältnis überhaupt nicht zu treffen braucht."

hier der Schadenstifter ein, die Stellung des „Schuldners" der Beschädigte oder mit Schaden Bedrohte, der auf die Gefahr einer ungewöhnlichen Höhe des Schadens aufmerksam machen, diesen (von vornherein) abwenden oder (wenn er schon entstanden ist, wenigstens) mindern muß, die Stellung des „Erfüllungsdieners" der, der für den Beschädigten oder Bedrohten tätig wird; um diesen Rollentausch anzudeuten, erklärt der Gesetzgeber den § 278 nur für „entsprechend" anwendbar. — Ein andres Beispiel:[1]) Die Viehherde eines Bauern wird unter mitwirkendem Verschulden des Schäfers, der das Vieh nicht vom Bahndamm ferngehalten hat, durch einen Zug überfahren, dessen Führer fahrlässig ausgewählt war. § 254² verpflichtet den Bauern, den Schaden abzuwenden, der daraus leicht entstehen kann, daß die Herde auf dem Damm weidet, d. h. sie nicht hinzulassen oder sofort wieder wegzutreiben. Beaufsichtigt er selbst das Vieh, und kommt er dabei dieser gesetzlichen Verbindlichkeit nicht nach, so wird ihm sein Schaden nicht voll, vielleicht gar nicht ersetzt; wenn an seiner Stelle der Schäfer mit der gleichen Nachlässigkeit handelte, soll nach dem Schlußsatz dasselbe gelten. Führen wir das Beispiel weiter: Bei dem Unfall ist eins der Tiere nur verletzt worden; der Eigentümer gibt es in die Behandlung eines Tierarztes, der sich einen Kunstfehler oder eine Versäumung zu Schulden kommen läßt, so daß das Tier verendet — der Eigentümer kann wegen dieses Verlustes gegen die Eisenbahn keine Ansprüche geltend machen.[2]) Er war kraft Gesetzes dazu verbunden, den entstandnen Schaden zu mindern; zur Erfüllung dieser Verbindlichkeit zog er den Tierarzt (als Erfüllungsdiener) zu; dessen Verschulden hat er nach § 278 zu vertreten wie eignes; wenn aber ihm das Verschulden zur Last gefallen wäre, hätt er nach § 254 dafür einzustehen.

Wir kommen also zu dem *Ergebnis*, daß sich der Beschädigte das Verschulden dessen, der an seiner Stelle stand, immer zurechnen lassen muß. Den entgegengesetzten Standpunkt hat das OLG. *Hamburg* eingenommen,[3]) das erklärt, die Beklagten, auf deren Bauplatz ein dem Kläger gehörendes Gespann in eine unbedeckte Kalkgrube geraten und dabei beschädigt worden war, „könnten sich nicht auf § 254 berufen, da ein konkurrierendes Verschulden des Klägers selbst nicht vorliege und in Ermangelung der Voraussetzungen des § 278 — *es handle sich hier nicht um Erfüllung einer klägerischen Verbindlichkeit durch den Kutscher* — auch nicht die Rede davon sein könne, daß das Verschulden des Kutschers dem Kläger zuzurechnen sei". Es ist mir aber ganz unklar, was für eine Bedeutung dem Schlußsatz des § 254² dann überhaupt beigemessen werden kann. Das Oberlandesgericht verlangt offenbar das Bestehen einer *vertragsmäßigen* Verbindlichkeit; für diesen Fall kommt aber § 278 selbst zur Anwendung, eine „entsprechende" Anwendung ist völlig un-

[1]) Dieser Fall lag dem Reichsgericht vor, das für das preußische Recht zu der entgegengesetzten Entscheidung gelangte: RG. Bd. 5 S. 232 ff.

[2]) Aehnlich *Planck* S. 26; *Staudinger* S. 18. A. M. *Cohn* S. 125.

[3]) Rechtsprechung der Oberlandesgerichte Bd. 2 S. 457.

nötig, § 254 ²ᵇ also ganz überflüssig. Wenn man ihm Sinn und Gewicht beilegen will — und das muß man, da jede Gesetzesbestimmung naturgemäß etwas „bestimmen" will; wozu wäre sie sonst getroffen? — ist die Annahme einer gesetzlichen Verbindlichkeit nicht zu umgehen.

3. Die übrigen Fälle, in denen sich die Zurechnung fremden Verschuldens in Form des Verlustes eines Forderungsrechts äußert, bieten keine Schwierigkeit; wir können uns mit ihrer Aufzählung begnügen.

Zunächst ist § 325 (vgl. § 440) anzuführen, falls sich der aus dem gegenseitigen Vertrag Berechtigte, der ein Wahlrecht zwischen Schadensersatz und Rücktritt vom Vertrage hat, für das zweite entscheidet: dann ist er nämlich, wenn die dem Schuldner obliegende Leistung infolge eines Verschuldens von dessen Erfüllungsmittler unmöglich geworden ist, von der Gegenleistung frei, d. h. der Schuldner hat den ihm sonst zustehenden Anspruch auf deren Vollzug eingebüßt.

In ganz ähnlicher Weise verliert nach § 338 der Geber einer Draufgabe, dessen Erfüllungsmittler die Erfüllung der geschuldeten Leistung schuldhaft unmöglich macht, das Recht auf Restitution der Draufgabe.

Auch das Rücktrittsrecht geht verloren, wenn der Erfüllungsmittler des an sich Rücktrittsberechtigten die Unmöglichkeit der Herausgabe des Gegenstands verschuldet, den dieser seinerzeit empfangen hat (§ 351); ebenso, wenn dasselbe dem Erfüllungsmittler dessen zur Last fällt, an den der Berechtigte den Gegenstand oder einen erheblichen Teil davon veräußerte, oder zu dessen Gunsten er ein Recht daran begründete (§ 353). [1]) Dagegen erfolgt der Ausschluß des Rücktrittsrechts nach § 352 nur, wenn der Berechtigte selbst die darin vorausgesetzte Handlung vorgenommen hat.

Fälle zeitweiliger Zurechnung dieser Art enthalten die §§ 407, 350, 574 und 732ᵇ: Wenn der Gegenstand, den der Rücktrittsberechtigte bekommen hatte, durch Zufall, unter anderm durch die schuldhafte Einwirkung eines Dritten [2]) untergegangen ist, wird der Rücktritt dadurch gleichwohl nicht ausgeschlossen, d. h. der Gegenpartei ist der Anspruch auf Herausgabe des von ihr Geleisteten entzogen, während sie zurückgewähren muß, was sie erhielt (§ 350). Ebensowenig kann ein Gesellschafter, wenn Sachen, die er der Gesellschaft zur Benützung überlassen hat, in dieser Weise zu Grund gegangen oder verschlechtert sind, von der Gesellschaft Schadensersatz fordern (§ 732ᵇ). Desgleichen verliert der Zessionar sein Recht gegen den Schuldner dadurch, daß dieser an den bisherigen Gläubiger leistet, mag auch die Unkenntnis des Schuldners von der Zession auf grober Fahrlässigkeit beruhen (§ 407; vgl. §§ 720, 1158, 1473³, 1524², 2019² [dazu § 2041], 2111¹ᵇ); eine ganz analoge Bestimmung trifft § 574 (vgl. § 581²) für die Miete.

Hier ist auch § 553 einzureihen, insofern er bestimmt, daß der

---

[1]) Eine Ausnahme von den Bestimmungen der §§ 351, 353 gilt nach § 487² für den Viehkauf. — Vgl. §§ 327, 467.

[2]) Es sei denn, daß die Voraussetzungen des § 351ᵇ vorliegen.

Vermieter ohne Einhaltung einer Kündigungsfrist kündigen kann, wenn der Gebrauchszessionar des Mieters die Mietsache vertragswidrig gebraucht und trotz einer Abmahnung des Vermieters diesen Gebrauch fortsetzt: Durch das Verschulden des Zessionars ist der Mieter um seinen Anspruch gegen den Vermieter auf Ueberlassung der Sache gekommen. — § 553 ist nach § 581² auf die Pacht entsprechend anzuwenden.

Endlich sei noch auf § 851 verwiesen: Wenn dem wegen Entziehung oder Beschädigung einer beweglichen Sache Schadensersatzpflichtigen leicht fahrlässig, d. h. schuldhaft der Eigentümer der Sache unbekannt ist, und wenn er deshalb den Ersatz an den Besitzer leistet, der nicht Eigentümer ist, wird er frei. Der Eigentümer hat sein Forderungsrecht gegen ihn verloren, allerdings dafür gegen den Besitzer einen Anspruch wegen ungerechtfertigter Bereicherung gewonnen. — Eine ähnliche Vorschrift gilt nach § 969 mit § 968 für den Fund.

II. So wenig wie die persönlichen Rechte sind die dinglichen gegen die Gefahr geschützt, wegen des Verschuldens eines Andern vollständig unterzugehen: auch dem Sachenrecht sind derartige Fälle nicht fremd. Bald bezieht sich dabei der Verlust auf das Eigentum oder ein andres dingliches Recht als solches, bald auf Rechte (Verbietungsrechte), die sich daraus ergeben.

Für die erste Gruppe kommt vor allem die Vorschrift des § 892 in betracht: Wenn die materielle Rechtslage eines Grundstücks, ohne daß ein Widerspruch eingetragen ist, von dem Inhalt des Grundbuchs abweicht, „gilt dieser doch zu Gunsten dessen, der ein Recht an dem Grundstück oder ein Recht an einem solchen Rechte durch Rechtsgeschäft erwirbt, als richtig" selbst dann, wenn ihm die Unrichtigkeit infolge grober Fahrlässigkeit unbekannt geblieben ist; wegen seines Verschuldens geht das Recht des Berechtigten unter. Für den Erwerb des Eigentums beweglicher Sachen gibt § 932 [1]) eine nicht ganz so weit gehende Bestimmung, die jedoch gleichfalls zu einer Zurechnung fremden Verschuldens führen kann: der Erwerb des Eigentums wird hier allerdings dadurch ausgeschlossen, daß der Erwerber grob fahrlässig, allein nicht dadurch, daß er leicht fahrlässig den Mangel der Berechtigung des Veräußerers nicht kannte. Eine ähnliche Anordnung trifft § 957: Wenn jemandem die Aneignung von Bestandteilen einer Sache durch einen Andern gestattet wird, der hiezu nicht berechtigt ist, erwirbt der Aneignende das Eigentum daran, mag auch seine Unkenntnis von dem Fehlen des Rechts des Andern zur Gestattung auf leichter Fahrlässigkeit beruhen. Wie bereits wiederholt festgestellt, ist jeder Grad der Fahrlässigkeit culpa, so daß hier das Eigentum wegen fremden Verschuldens verloren geht. Zu derselben Folge führt der Rechtsgrundsatz „Hand wahre Hand", der den redlichen Erwerber einer unterschlagnen Sache zum Eigentümer macht (§ 935). Auch auf die formellen Erwerbsarten des Eigentums

---

[1]) Vgl. zu §§ 892 und 932 die §§ 2129², 2211; zu § 932 außerdem noch § 926².

(§§ 946—948, 950) ist hinzuweisen; der Dieb, der den gestohlnen Gegenstand verarbeitet, erlangt das Eigentum daran. Weiter zwei Fälle aus dem Pfandrecht: Wird eine Sache als Pfand veräußert, ohne daß dem Veräußrer ein Pfandrecht zusteht, so geht das Eigentum verloren, obgleich dem Erwerber grob fahrlässig die Unrechtmäßigkeit der Veräußerung unbekannt geblieben ist (§ 1244); in ähnlicher Weise gilt im Innenverhältnis zwischen Pfandgläubiger und Eigentümer beim Verkauf des Pfandes der Verpfänder selbst dann als Eigentümer, wenn der Pfandgläubiger infolge grober Fahrlässigkeit nicht weiß, daß der Verpfänder nicht Eigentümer ist (§ 1248).

Die Bestimmungen der §§ 932 und 935 sind in § 1032 auf die Bestellung eines Nießbrauchs, in § 1207 auf die Verpfändung für entsprechend anwendbar erklärt, d. h. durch Nießbrauchsbestellung, durch Verpfändung seitens eines Nichteigentümers wird ein gültiges Pfandrecht, ein gültiger Nießbrauch begründet, wenn auch dem Erwerber leicht fahrlässig der Mangel unbekannt war. Der Eigentümer hat zwar nicht das Eigentum verloren, wohl aber die wichtigsten Rechte, die daraus entspringen. Ganz ähnlich ists bei der Pflicht zur Duldung des Ueberbaus, die auch dann eintritt, wenn dem Nachbarn leichte Fahrlässigkeit, also Verschulden zur Last fällt, (§ 912) und bei der Pflicht zur Gestattung des Notwegs (§ 917): zwar bestimmt hier § 918¹, daß sie nicht eintrete, wenn die bisherige Verbindung des Grundstücks mit dem öffentlichen Weg durch eine willkürliche Handlung des Eigentümers aufgehoben worden sei; allein es ist sehr wohl möglich, daß ein Verschulden des Eigentümers die Ursache ist, das nicht in einer „willkürlichen Handlung" besteht (vgl. Staudinger Bd. III 2. Aufl. 1904 S. 146), daß die Pflicht, den Notweg zu dulden, also tatsächlich Zurechnung der Verschuldung des Nachbarn ist.[1])

In all diesen Fällen braucht freilich eine ökonomische Schädigung des Eigentümers oder des sonstigen Berechtigten nicht unbedingt zu entstehen; denn es kommt ihm jedenfalls ein Anspruch wegen ungerechtfertigter Bereicherung, möglicherweise der weiter gehende Anspruch aus § 823 zu; in den §§ 912², 917² und 951 ist sein Recht, Entschädigung zu verlangen, sogar eigens ausgesprochen. Es wurde aber schon oft genug betont, daß eine finanzielle Beeinträchtigung nicht nötig ist, daß sich auch die rein juristische Zurechnung als wahre Zurechnung darstellt.

---

[1]) Es sei auch auf § 858²ᵇ mit § 859⁴ verwiesen: Dem bisherigen Besitzer steht das Recht der Selbsthilfe (§ 859) gegen den Sondernachfolger eines fehlerhaften Besitzers nicht zu, wenn der Sukzessor die Fehlerhaftigkeit des Besitzes seines Vorgängers bei dem Erwerb grob fahrlässig nicht kannte. Wir müssen uns begnügen, darauf hinzudeuten; ob diese Bestimmung hieher zu beziehen ist, hängt ab von der Antwort auf die — von jeher — sehr bestrittne Frage nach der Natur des Besitzes: ist er ein Recht oder nicht? Vgl. aus der neuen Judikatur das Urteil des OLGs. Stuttgart in der Rechtsprechung der Oberlandesgerichte Bd. 4 S. 381.

Dritter Abschnitt.

Zurechnung in Form einer Verschlechterung der Rechtsstellung.

§ 12. I. Allgemeines.

Es ist allgemein üblich, zwei Arten der „Haftung für fremdes Verschulden" zu unterscheiden: Haftung in kontraktlichen und in außerkontraktlichen Verhältnissen, nämlich Haftung einerseits nach § 278, andrerseits nach §§ 831 und 832.

Das ist aber unrichtig. Inwiefern der Ausdruck „kontraktliche Haftung" nicht zutrifft, wurde oben gezeigt (§ 3 I). Daß auch die Bezeichnung „außerkontraktliche Haftung" falsch ist, soll im Folgenden nachgewiesen werden: Dem bürgerlichen Gesetzbuch ist es fremd, da für fremdes Verschulden, als dessen Folge, haften zu lassen, wo sichs nicht um die Erfüllung einer Verbindlichkeit handelt.[1])

I. Die Fassung der §§ 831 und 832 ist nicht sehr glücklich. Denn während die gesetzgeberischen Vorarbeiten klar zum Ausdruck bringen,[2]) daß in beiden Fällen eine Haftung des Ersatzpflichtigen bloß eintreten soll, wenn diesem selbst ein Verschulden an der Entstehung des Schadens zur Last fällt, geht das aus dem Gesetz nicht mit der wünschenswerten Unbestreitbarkeit hervor. Immerhin ergibt auch der Wortlaut deutlich genug, daß am Verschuldungsprinzip festgehalten ist.[3]) Wer freilich nur den ersten Satz der beiden Paragraphen ins Auge faßt, scheint einen Anhalt für die entgegengesetzte Ansicht zu haben. Aber man darf einen einzelnen Satz nicht aus dem Zusammenhang herausreißen. Im ersten Satz sagt der Gesetzgeber mehr, als er sagen will und darf; der zweite Satz nimmt zurück, was im ersten zu viel ausgesprochen ist. Beide Sätze in der Weise zusammengefaßt, wie sich das bürgerliche Gesetzbuch sonst auszudrücken pflegt, ergeben folgende Bestimmung: wer einen Andern zu einer Verrichtnng bestellt oder kraft Gesetzes aufsichtspflichtig ist, hat den näher bezeichneten Schaden zu ersetzen, es sei denn, daß die Voraussetzung des zweiten Satzes vorliegt.[4]) Diese Voraussetzung ist aber ein Verschulden des Geschäfts-

[1]) Die einzige Ausnahme bildet der oben (§ 8 I) behandelte § 122.

[2]) Der Widerspruch zwischen Motiven und Denkschrift, auf den Nöldeke S. 771 aufmerksam macht, ist ohne alle Bedeutung.

[3]) Vgl. auch Denkschrift (Heymanns Verlag) S. 151.

[4]) Daß der Gesetzgeber nicht diese am nächsten liegende Fassung gewählt hat, erklärt sich wohl daraus, daß er den Unterschied gegenüber dem ersten Entwurf in die Augen springen lassen wollte: wenn auch im Wesen am Verschuldungsprinzip festgehalten wird, so ist dieses doch durch die veränderte Verteilung der Beweislast stark modifiziert.

herrn oder Aufsichtspflichtigen. Wir kommen also zu dem Ergebnis, daß dieser nur solang haftet, bis er seine Schuldlosigkeit nachweist, daß er nur haftet, wenn er diesen Beweis nicht erbringen kann, und daß er nicht haftet, wenn ihm der Beweis gelingt [1]) — mit andern Worten: was ihm zugerechnet wird, ist nicht das Verschulden des Andern, sondern sein eignes Verschulden, das in culpa in eligendo vel in custodiendo besteht.[2]) Die Möglichkeit des Entlastungsbeweises spricht auf das entschiedenste gegen die Annahme, Grundlage der Verantwortlichkeit aus den §§ 831 und 832 sei das Veranlassungsprinzip. In dessen Begriff liegt, daß Haftung ohne jede Rücksicht auf Schuld oder Nichtschuld, einzig und allein aus der Tatsache des Verursachens heraus entsteht; hier ist das gerade Gegenteil der Fall. Das ist denn auch allgemein anerkannt.[3])

Gleichwohl erscheinen die §§ 831 und 832 als Fälle der Zurechnung fremden Verschuldens; nur unter einem andern Gesichtspunkt als dem der üblichen Darstellung. Die Zurechnung liegt nicht darin, daß auf Grund des fremden Verschuldens die Haftung für den Pflichtigen erst entstünde; diese beruht ja auf seinem eignen Verschulden. Wohl aber darin, daß entgegen der allgemeinen Beweisregel qui dicit, probet nicht der Geschädigte die Schuld des Geschäftsherrn oder Aufsichtspflichtigen, sondern dieser seine Unschuld nachweisen muß, daß seine Schuld vermutet wird, und er so zur Führung des Gegenbeweises gezwungen ist. Das Charakteristische ist also im Unterschied von den oben behandelten Fällen, daß hier das Verschulden des Einen nicht die Haftung des Andern — des Nichttäters — zur Folge hat, sondern diesem rechtliche Pflichten aufbürdet, die ihm sonst nicht zufielen; daß es seine Rechtsstellung verschlechtert. Von diesem Gesichtspunkt aus haben wir die §§ 831 und 832 zu betrachten. Aber auch nur von diesem aus können sie in Zusammenhang mit der Zurechnung fremden Verschuldens gebracht werden,[4]) wenn man sie mit der unbestritten herrschenden Meinung

---

[1]) Das kann auch nicht durch den Hinweis darauf entkräftet werden, daß in dem Bericht der Reichstagskommission die beiden Paragraphen die Ueberschrift „Haftung für fremde Handlungen" erhalten haben; diese paßt sehr wenig.

[2]) Freilich ist richtig, was Oertmann II S. 92 sagt: „Es ist zwar formell die Anlehnung an das Verschuldungsprinzip im Grund gewahrt; aber materiell wird dabei angesichts der enormen Beweisschwierigkeiten sehr oft eine Ersatzpflicht ohne Verschulden statuiert werden." Allein das ist nicht im Prinzip und Willen des Gesetzes begründet, sondern in äußern Unzulänglichkeiten.

[3]) Vgl. auch jur. Wochenschrift 1901 S. 72: Die Revision hatte u. a. behauptet, nach § 831 sei Verschulden des Geschäftsherrn keine Voraussetzung seiner Haftpflicht; das Reichsgericht erklärt: Die Revisionsangriffe gehen sämtlich fehl. Auf eine weitre Erörterung läßt es sich aber nicht ein, weil der vorliegende Fall nach altem Recht zu beurteilen war, so daß § 831 gar nicht zur Anwendung kam.

[4]) Jung S. 56 f. stellt die Bestimmung des § 832 zu § 829 und bestreitet, daß sie mit den Grundsätzen über den Schadensersatz zusammenzubringen sei: sie stelle sich vielmehr als „eine aus Billigkeitsrücksichten hervorgehende Modifikation des § 829" dar. Will er damit sagen, daß § 832 im Gegensatz zu § 831 (für den gerade Jung das Verschuldungsprinzip besonders betont) nicht auf einem Verschulden des Haftenden beruhe, so ist das falsch.

als Haftung für präsumtiv eignes Verschulden auffaßt. Es ist sehr wenig logisch, wenn sich die meisten Schriftsteller auf der einen Seite dieser Ansicht anschließen, auf der andern die §§ 831, 832 als Fälle der „Haftung für fremdes Verschulden“ behandeln, worunter man nur die Entstehung einer Schadensersatzpflicht verstehen kann: Diese tritt aber wegen des eignen Verschuldens des Verantwortlichen ein!

II. Die §§ 831 und 832 sind nicht die einzigen Bestimmungen des Gesetzes, die eine Zurechnung fremden Verschuldens in der Weise begründen, daß sie die Rechtsstellung eines unschuldigen Beteiligten verschlechtern.

1. Vorangestellt seien die wenigen Vorschriften, nach denen sich ein dinglich Berechtigter wegen des Verschuldens eines Andern eine Verschlechterung des Ranges seines Rechts gefallen lassen muß: Wenn ein Nichteigentümer an einer mit dem Recht eines Dritten belasteten Sache einen Nießbrauch begründet, und der Mangel seiner Berechtigung dem Erwerber infolge leichter Fahrlässigkeit (d. h. schuldhaft) unbekannt ist, tritt das Recht des Dritten hinter den Nießbrauch zurück (§ 1032 am Ende); eine analoge Bestimmung trifft § 1208 für das Pfandrecht. Auch an § 914[1] kann erinnert werden, wonach das Recht auf Rente für den Ueberbau den ältern Rechten an dem belasteten Grundstück vorgeht; daß dieser Paragraph hieher gehört, ist schon oben (§ 11 II) gezeigt worden.

2. Häufiger äußert sich jedoch diese Zurechnung in derselben Weise, wie in den §§ 831 und 832, nämlich in der Verschiebung der Beweislast; das ist in folgenden Bestimmungen der Fall: Während im allgemeinen der Käufer, der Wandelung begehrt, nachweisen muß, daß die sein Recht begründenden Mängel auch wirklich vorhanden seien, ist es beim Viehkauf nach § 484 umgekehrt, falls sichs um einen Hauptmangel handelt, der innerhalb der Gewährfrist zu Tage tritt. Einen Schaden, der dem Verwahrer durch die Beschaffenheit der hinterlegten Sache entstanden ist, hat der Hinterleger zu ersetzen, wenn er die gefahrdrohende Beschaffenheit der Sache bei der Hinterlegung kannte oder kennen mußte; daß dies zutrifft, gehört zum Klagefundament und wäre deshalb an sich vom Kläger (d. h. vom Verwahrer) zu beweisen; § 694 bürdet dagegen dem Hinterleger den Nachweis seiner Unkenntnis auf. Aehnlich ist die Regelung beim qualifizierten Verwahrungsvertrage, beim Herbergsvertrage (§ 701[1]). Endlich kommen aus der Lehre von den unerlaubten Handlungen die §§ 834 und 836 in betracht: wer durch ein Tier oder durch den Einsturz eines Werks beschädigt worden ist, hat nur die Tatsache der Schädigung darzutun; daß auch die zweite Voraussetzung gegeben ist, die das Gesetz verlangt, daß der Beklagte (das eine Mal ists der, der für den Tierhalter die Führung der Aufsicht über das Tier durch Vertrag übernommen hat, das andre Mal der Eigenbesitzer) durch ein Verschulden die Schädigung herbeiführte, braucht der Kläger nicht, wies den allgemeinen Grundsätzen entspräche, zu beweisen: es wird vermutet.

Von allen diesen Fällen, die sämtlich als zeitweilige Zurechnung fremden Verschuldens erscheinen, bieten nur die §§ 831 und 832 Besonderheiten, die eine eingehende Erörterung rechtfertigen; die übrigen sind so klar, daß sie keiner weitern Erläuterung bedürfen.

II. Zurechnung beim Geschäftsherrn nach § 831.

A. Die Voraussetzungen der Zurechnung.

1. Die vom Geschädigten zu beweisenden Voraussetzungen.

§ 13. a) Die Voraussetzungen in der Person der Beteiligten.

Das Gesetz unterscheidet zwei Klassen von Personen, die nach § 831 ersatzpflichtig sind. Als Typus behandelt es den, der „einen Andern zu einer Verrichtung bestellt". Im zweiten Absatz wird dann die so festgesetzte Geschäftsherrlichkeit erweitert.[1]

I. Jene Legaldefinition für den Normalfall, für die Haftung des Geschäftsherrn (so drückt sich das Gesetz selbst aus), begreift drei Voraussetzungen in sich.

1. Zunächst muß Zweck der Tätigkeit, die der schädigende Dritte für den Geschäftsherrn entfaltet, eine Verrichtung sein. Der Gesetzgeber hätte keinen allgemeinern und umfassendern Ausdruck wählen können. Was darunter zu verstehen sei, sagt er nicht, verweist also auf den Sprachgebrauch. Nun ist aber unverkennbar, daß man im gewöhnlichen Leben das Wort Verrichtung als völlig gleichbedeutend mit Tätigkeit überhaupt verwendet; das Gesetz hätte besser getan, diesen gebräuchlichern Ausdruck in seine Definition aufzunehmen. Bei der unübersehbaren Fülle aller in betracht kommenden Möglichkeiten kann eine Begriffsbestimmung der Tätigkeit, der Verrichtung nicht gegeben werden. Es genügt darauf hinzuweisen, daß es keinen Unterschied macht, „ob sie mehr oder weniger oder gar nicht selbständig ist,[2]) ob sie den Charakter rechtsgeschäftlicher Vertretung trägt oder nicht, ob sie aus einzelnen oder einer Mehrheit von Verrichtungen, zeitlich vorübergehenden oder dauernden besteht" (Reichsgericht)[3]). Ohne Bedeutung ists, ob der Bestellte General- oder Spezialvollmacht besitzt, ob ihm für seine Tätigkeit eine Vergütung gebührt oder nicht. Gleichgültig ist endlich, ob er an der Ausführung der Verrichtung ein persönliches Interesse hat oder dem Geschäftsherrn eine Gefälligkeit erweisen wollte.

---

[1]) Eine kurze, treffende Darstellung des gemeinrechtlichen Standpunkts gegenüber der Haftung für einen vom Bestellten außerhalb eines Schuldverhältnisses angerichteten Schaden enthält das in Seufferts Archiv Bd. 14 Nr. 35 mitgeteilte Urteil des Oberappellationsgerichtes München.

[2]) S. aber unten Ziffer 3.

[3]) Deutsche Jur.-Zeitung 1903 S. 223 = Jur. Wochenschrift 1903 S. 40.

2. Zu einer solchen Verrichtung muß der Andre vom Geschäftsherrn **bestellt** sein. In unserm Fall soll mit diesem Worte, das vom bürgerlichen Gesetzbuch in ganz verschiednem Sinn im Sachen-, Familien- und Obligationenrecht gebraucht wird, offenbar dasselbe ausgedrückt sein, was man gemeinhin unter Beauftragung mit der Vornahme einer Verrichtung versteht.[1]) Doch wär es falsch, daraus entnehmen zu wollen, daß die Bestellung gerade auf einem Auftrag beruhen müsse, wenn das auch in den praktisch wichtigsten Fällen zutrifft. Sie kann sich vielmehr auf die verschiedenartigsten Rechtsverhältnisse gründen; als Geschäftsherrn kommen außer dem Auftraggeber der aus dem Dienstvertrag Berechtigte, der Gesindeherr (EG. Art. 95!), der Besteller beim Werkvertrag, die Gesellschafter gegenüber dem zur Geschäftsführung ermächtigten Sozius in betracht. Aber es ist nicht einmal nötig, daß der Bestellung ein Vertrag zu Grunde liegt;[2]) auch der Vater, der kraft der elterlichen Gewalt gemäß § 1617 in seinem Hauswesen oder Geschäfte sein Kind verwendet, hat dieses zur Vornahme der dabei erforderlichen Verrichtungen bestellt, und zwar durch Befehl. Die Annahme eines stillschweigenden Auftragsvertrages wäre zum mindesten unnatürlich, jedenfalls bei Geschäftsunfähigkeit des Kindes ausgeschlossen. Ebenso liegt eine Bestellung vor, wenn auf Anordnung der Militärbehörde Soldaten gemeinnützige Arbeiten vornehmen. Ob der Bestellte rechtlich verpflichtet ist, dem Befehl Folge zu leisten, oder ob ers freiwillig tut, macht keinen Unterschied; deshalb ist auch dann eine Bestellung gegeben, wenn der Vertrag, der nach dem Parteiwillen zu Grunde liegen soll, nichtig ist, der Andre aber gleichwohl die Tätigkeit vollzieht, die ihm darin auferlegt wurde.[3])

Zu beachten ist, daß das Gesetz von „bestellen", nicht von „anstellen" spricht, während sowohl das bürgerliche[4]), als insbesondre das Handelsgesetzbuch diesen Begriff kennt. Ein Angestellter ist zweifellos immer bestellt, aber ein Bestellter durchaus nicht notwendig angestellt. Es ist deshalb unrichtig, Anstellung und Bestellung, den unvergleichlich weitern Ausdruck, als identisch zu gebrauchen, wies **Cosack** S. 608 tut.[5]) Allerdings kommen wir zu einem ähnlichen Ergebnis wie er, aber auf ganz anderm Wege.

3. Es genügt nämlich nicht, daß der Schadenstifter zu der Ver-

---

[1]) Das **Reichsgericht** RG. Bd. 51 (N. F. Bd. 1) S. 200 erklärt „bestellen" in diesem Sinn als identisch mit „Uebertragung eines Werkes".

[2]) A. M. **Blau** S. 35; offenbar auch **Leske** S. 340 Anm. 3.

[3]) Ebenso **Kipp** S. 923; a. M. **Neumann** S. 397.

[4]) Allerdings nur in einem einzigen Paragraphen (§ 383 ^{3}), wo aber der Unterschied besonders hervortritt, indem hier der für den Versteigerungsort „bestellte" Gerichtsvollzieher dem öffentlich „angestellten" Versteigerer gegenübertritt.

[5]) Im Anschluß an ihn **Pfeiffer** S. 30. Auch das **Reichsgericht** verwende beide Ausdrücke unterschiedslos neben einander, ohne aber Folgerungen wie Cosack daraus zu ziehen. Zu beachten ist, daß im Gegensatz zum bürgerlichen Gesetzbuch Art. 62 des schweizer. Obligationenrechts von „Angestellten und Arbeitern" spricht; der Gesetzgeber hat, wie aus den Materialien hervorgeht, diese Bestimmung gekannt, hat aber absichtlich einen viel weitern Ausdruck gewählt.

richtung bestellt war, sondern es muß hinzukommen, daß der Bestellende ihm gegenüber als Geschäftsherr erscheint; denn nur diesen läßt das Gesetz haften. Der Begriff der Geschäftsherrlichkeit kann Schwierigkeiten machen. Wir werden, vom Wortsinn ausgehend, verlangen müssen, daß der Besteller als dominus über der Verrichtung steht und während der ganzen Dauer der Verrichtung in dieser Stellung bleibt, jederzeit berechtigt, in die Tätigkeit des Bestellten einzugreifen und diesem gegenüber seinen Willen nach freier Willkür durchzusetzen; [1]) das Charakteristische ist also seine Leitungsmacht, deren Anordnungen sich der Bestellte unbedingt zu fügen hat. Ganz glatt ist das freilich nicht. Denn zunächst ist nicht zu leugnen, daß sich die Geschäftsherrlichkeit auch in andrer Weise äußern kann, daß insbesondre ein letzter Rest davon immer dann noch vorhanden ist, wenn dem Bestellten wenigstens ohne weiters die Befugnis zur Vornahme der Verrichtung entzogen werden kann; das ist aber bei allen denkbaren Arten der Bestellung der Fall. Allein diese äußerste Möglichkeit kann für den Besteller die Eigenschaft eines Geschäftsherrn nicht begründen, da sie ihn fast durchweg ersatzpflichtig macht, so daß sie praktisch kaum in betracht kommt, und da ihm meist (Ausnahme § 671 [1]) nicht das Recht, sondern nur die Macht zur Aufhebung der Bestellung zusteht. Bedenken können sich außerdem aus den Worten „sofern der Geschäftsherr die Ausführung der Verrichtung zu leiten hat" ergeben. Der Gesetzgeber scheint danach an Fälle zu denken, wo eine solche Leitungspflicht des Bestellers nicht besteht, ohne daß dieser damit die Eigenschaft des Geschäftsherrn verliert. Doch ist anzunehmen, daß das Gesetz hier von „Leitung" in einem andern Sinn spricht, als wir das Wort oben gebrauchten: es versteht darunter nicht die Direktion, die sich auf Befehle beschränken kann und sich um die Ausführung im einzelnen nicht zu kümmern braucht, sondern die Ueberwachung und Aufsicht gerade während des Vollzugs der Verrichtung; beides sind ganz verschiedne Begriffe, so daß dieser Einwand gleichfalls wegfällt. Es hat sich denn auch das Reichsgericht unbedenklich in diesem Sinn ausgesprochen: [2]) „Die Stellung eines Geschäftsherrn hat der Besteller nur dann, wenn er die erforderlichen Anordnungen für die Ausführung der Verrichtung zu erteilen hat, wenn diesen von dem Bestellten Folge zu leisten ist, letzterer also bei der Ausführung der ihm aufgetragenen Handlung von dem Willen des Bestellers abhängig ist. Ist dagegen von dem Bestellten eine Tätigkeit verlangt, bei deren Ausführung er nach eigenem Ermessen handeln und dasjenige vornehmen soll, was er auf Grund eigener Sachkunde und Erfahrung für zweckmäßig erachtet, so hat derjenige, der ihn zu seiner Verrichtung veranlaßt hat, in Be-

[1]) Falsch ists jedoch, wenn Gysler S. 47 für den dem § 831 entsprechenden Art. 62 des schweizer Obligationenrechts verlangt, „daß der Geschäftsherr die für die Ausübung seines Geschäftes nötigen technischen Kenntnisse besitze, daß er die Fähigkeit habe, die sein Geschäft betreffenden Funktionen ev. selbst auszuüben, d. h. daß er diese verstehe". Das würde zu einer bedeutenden, durch nichts gerechtfertigten Beschränkung der Haftung führen.

[2]) RG. Bd. 51 (N. F. Bd. 1) S. 201 = Jur. Wochenschrift 1903 Beilage S. 236. Aehnlich schon vorher das LG. Hannover im Recht 1901 S. 493.

ziehung auf das auszuführende Geschäft nicht die Stellung des Geschäftsherrn."

Diese Anschauung führt zu praktisch wichtigen Folgerungen.[1]) Danach ist keinesfalls Geschäftsherr der Vormundschaftsrichter gegenüber dem von ihm „bestellten" Vormund, der Kranke gegenüber dem Arzt, der Klient gegenüber dem Rechtsanwalt oder dem sonstigen Prozeßbevollmächtigten (CPO. § 81!), der Fahrgast gegenüber dem Kutscher,[2]) der Weinhändler oder Bierbrauer gegenüber dem in seinem Betrieb angestellten Küfer, der Einlagrer gegenüber dem Lagerhalter, der Kaufmann gegenüber dem von ihm beschäftigten Handelsmäkler. Ebenso ist wohl auch zu beurteilen das Verhältnis zwischen dem Prinzipal und seinem Handlungsagenten, dem Eigentümer eines Grundstücks und dem dieses bebauenden Architekten,[3]) dem Hausbesitzer und der Straßenreinigungsgesellschaft, der er die Erfüllung der ihm obliegenden polizeilichen Pflichten übertragen hat[4]). Dagegen muß der Kommittent als Geschäftsherr des Kommissionärs,[5]) der Versender als der des Spediteurs betrachtet werden; der erste wegen HGB. § 384[1], 385[1], der zweite wegen HGB. § 407[2]. Im einzelnen ist vieles zweifelhaft und kann nur nach den Umständen des Einzelfalls unter Berücksichtigung der Anschauung des Verkehrs über die Stellung des Bestellers entschieden werden.[6]) Insbesondre ist bei Werkverträgen stets genau zu prüfen, ob diesem das erforderliche Anordnungsrecht gegenüber dem Unternehmer zusteht oder nicht.[7])

II. In dem bisher behandelten Fall beruht die Geschäftsherrlichkeit auf der Bestellung, also nicht notwendig — wenn auch meist — auf einem Vertrage; gründet sie sich im Einzelfall auf einen solchen, so muß dieser immer zwischen dem Schadenstifter und dem, der Geschäftsherr werden soll, geschlossen sein. Gerade umgekehrt ists bei der Geschäftsherrlichkeit, von der Absatz 2 spricht: sie setzt unbedingt einen Vertrag voraus, der regelmäßig nicht zwischen dem Haftenden und dem Täter geschlossen sein wird.

Wer die Kontrahenten dieses Vertrages sind, sagt das Gesetz nicht; es verlangt nur, daß die Auswahl der zu einer Verrichtung zu

---

[1]) Vgl. auch die von Dreyer (Gutachten) S. 48 mitgeteilten Urteile französischer und amerikanischer Gerichte.

[2]) Ebenso Planck S. 625; a. M. Nöldeke S. 777.

[3]) Ebenso das schweizer Bundesgericht (Schneider S. 175); a. M. Pfeiffer in seinem Beispiel auf S. 31.

[4]) Uebrigens würde hier auch der Entlastungsbeweis wohl immer gelingen.

[5]) A. M. Dernburg II S. 624; Crome S. 1050 Anm. 14.

[6]) Unrichtig dürfte die Entscheidung des Handelsgerichts Genf sein (Schneider S. 173), das einen Wirt dafür haften ließ, daß die von ihm engagierten und bezahlten Musiker einen Walzer ohne Erlaubnis des Autors gespielt hatten. Denn die Piècen im einzelnen zu bestimmen, ist nicht Sache des Wirtes, und dieser hat im allgemeinen nicht einmal das Recht dazu; anders freilich, wenn er geradezu den Walzer ausgesucht hätte.

[7]) Daß dies so schlechthin unmöglich wäre, wie Pfeiffer S. 30 es hinstellt, ist nicht richtig.

bestellenden Person, die Beschaffung von Vorrichtungen oder Gerätschaften oder die Leitung der Ausführung „für den Geschäftsherrn durch Vertrag" übernommen wurde. Gemeint ist der Geschäftsherr im Sinn des ersten Absatzes; wir wollen ihn zum Unterschied von dem in Absatz 2 gemeinten als den Geschäftsoberherrn bezeichnen. Daß gerade dieser den Vertrag abgeschlossen habe, kann nach den klaren Worten der Bestimmung nicht notwendig sein; wenn es im Leben auch die Regel bilden wird, so ist doch ebenso gut denkbar, daß der Vertrag durch Versprechen der Leistung an einen Dritten im Sinn des § 328 zu Stande kommt. — Verhältnisse, wie sie der zweite Absatz voraussetzt, kommen sehr häufig vor; es sei beispielsweise auf die Paliere, Vorarbeiter, Unterakkordanten, Bauführer, Werkmeister, die Wirtschafterinnen in großen Hotels, die Leiter von kaufmännischen Filialen verwiesen.

Immer muß ein „Vertrag" vorliegen, ein nach den allgemeinen Regeln gültiger Vertrag. Dieses Erfordernis wurde erst von der Reichstagskommission eingeschoben; wohl mit Rücksicht auf die Geschäftsführung ohne Auftrag, die wegen ihrer Unentbehrlichkeit in Notfällen und wegen der guten Absicht des Geschäftsführers ja auch in andern Beziehungen besonders mild behandelt ist. Sie wird bei dieser Ausnahme meist in Frage stehen. Ob die Ausnahme ihretwegen wirklich gerechtfertigt ist, mag dahingestellt bleiben. Man denk an den Fall, daß jemand für einen Verunglückten eine Tragbahre beschafft, die beim Transport bricht; durch den Sturz wird der Verletzte getötet. Wenn der Geschäftsführer die gebotne Sorgfalt beobachtet hat (und mit Rücksicht auf seine begreifliche Erregung wird man keine besonders hohen Anforderungen in dieser Hinsicht an ihn stellen), ists ihm ein Leichtes, den Entlastungsbeweis zu führen; falls ihm aber ein Verschulden zur Last fällt, warum sollt er dann nicht haften? Es scheint, daß die Kommission die Worte „durch Vertrag" zuerst in § 832² einfügte, wohin sie viel besser passen, und daß sie dann, durch die äußre Aehnlichkeit dieser Bestimmung mit § 831² bewogen, ohne viel Ueberlegen dasselbe auch hier tat. Bezeichnend ist, daß sich ihr Bericht zur Begründung der Einschiebung auf die Worte beschränkt: Ueber die Aenderung des letzten Absatzes des § 815 (des jetzigen § 831) vergleiche den Bericht zu § 816 (dem jetzigen § 832). — Auch abgesehen von der negotiorum gestio sind Fälle denkbar, wo die Geschäftsherrlichkeit bloß tatsächlich übernommen ist. Doch muß dabei immer beachtet werden, daß die meisten und wichtigsten Verträge vollkommen formlos, als reine Realkontrakte geschlossen werden können. Wenn z. B. ein Kutscher, der vor einem Wirtshaus hält, einem in der Nähe stehenden, ihm fremden Burschen die Zügel zuwirft, und dieser sie auffängt, steht nichts im Weg, den Abschluß eines Werkvertrags anzunehmen; richten die Pferde, dem Willen jenes Burschen folgend[1]), Schaden an, so haftet also der Kutscher, da er bei dieser Sachlage den Entlastungsbeweis nicht wird führen können.

---

[1]) In diesem Falle kommt, wie das Reichsgericht in ständiger Rechtsprechung festgestellt hat, § 833 nicht zur Anwendung.

Der Geschäftsoberherr wird dadurch, daß er die Geschäftsherrlichkeit auf einen Andern überträgt, an sich von der Verantwortlichkeit nicht befreit[1]); und zwar haftet er neben dem Geschäftsleiter (dem Geschäftsherrn des zweiten Absatzes) als Gesamtschuldner, jedoch vorbehaltlich des Rückgriffsrechts gegen diesen (§ 840²). Allein es steht ihm der Beweis offen, daß er bei der Uebertragung die im Verkehr erforderliche Sorgfalt beobachtet habe, — und dieser Beweis wird ihm unter normalen Verhältnissen stets gelingen. Denn nach allgemeiner Anschauung hat er sorgfältig genug gehandelt, wenn ihm nur nichts direkt Nachteiliges über den Geschäftsleiter bekannt war; dem Fabrikanten, der einen Werkmeister auf Grund eines nicht geradezu schlechten Zeugnisses annimmt, wird man regelmäßig einen Vorwurf nicht machen. Von hier aus kann die praktische Bedeutung des § 831 eine sehr unerfreuliche Einschränkung zu Gunsten des Großbetriebs erfahren: In demselben Falle, wo der Handwerker für seine Gesellen haftet, wird eine Verantwortlichkeit des Großindustriellen, der seine Arbeiter durch Unterbeamte anstellen läßt, nicht eintreten. Freilich bleibt dem Geschädigten noch der Anspruch gegen diese, was ihm aber meist nicht viel nützen wird, da von ihnen regelmäßig so wenig etwas zu holen ist wie vom Täter; der kapitalkräftige Geschäftsoberherr ist dagegen aus der Haftung völlig ausgeschieden.

§ 14. b) Die Voraussetzungen in bezug auf die schädigende Handlung und ihr Verhältnis zur Verrichtung.

I. Der Schaden muß nach ausdrücklicher Vorschrift widerrechtlich zugefügt sein. Wie das Reichsgericht RG. Bd. 50 S. 66 in ausführlicher Darlegung und auch seitdem in einer Reihe von Entscheidungen[2]) ausgesprochen hat, ist aus dem Gegensatz zu § 823, wo außer der Widerrechtlichkeit auch noch Vorsatz oder Fahrlässigkeit verlangt wird, mit Notwendigkeit zu folgern, daß das Gesetz unter der Widerrechtlichkeit nur die objektive, nicht auch die subjektive versteht, daß also ein Verschulden des Täters nicht erforderlich ist. Dasselbe ergibt sich — worauf man bisher immer hinzuweisen pflegte (als erster Liszt) — aus § 840², wo der Fall gesetzt wird, daß der Geschäftsherr allein haftet, daß also der Täter nicht verantwortlich ist, d. h. daß er nicht schuldhaft gehandelt hat.[3]) Das ist denn auch so ein=

[1]) Voraussetzung ist aber, daß er Geschäftsherr in dem oben entwickelten Sinne bleibt.

[2]) Vgl. zwei Urteile in der jur. Wochenschrift 1902 Beilage S. 201; außerdem ebenda 1903 Beilage S. 12. — Vor dem Reichsgericht hatte schon Pfeiffer S. 42 darauf hingewiesen.

[3]) Dagegen irreführend das Reichsgericht in Gruchots Beiträgen Bd. 47 S. 950: „Da festgestellt ist, daß die Verletzung des Klägers durch schuldhaftes Verhalten des Bestellten herbeigeführt worden ist, erscheint die Haftung des Beklagten [aus § 831] an sich begründet.“ Geradezu falsch RG. Bd. 10 S. 288 für das dem code civil entsprechende badische Landrecht (Satz 1383): „Die Haftbarkeit des Prinzipals für seine Arbeiter setzt ihrer Natur nach voraus, daß eine Handlung in Frage steht, für welche die Arbeiter selbst verantwortlich sein können“.

leuchtend, daß schon bisher die überwiegend herrschende Ansicht denselben Standpunkt einnahm, wie jetzt das Reichsgericht.[1]) Nur Cosack S. 608 vertritt die entgegengesetzte Auffassung, indem er ohne jede Begründung unterstellt, auf Seite des Täters müsse ein Delikt vorliegen; übrigens schrecken ihn die Folgerungen doch zurück, seine Meinung konsequent durchzuführen. — Mit unsrer Terminologie ausgedrückt, enthält also § 831 (dasselbe ist später auch von § 832 zu sagen) einen Fall zeitweiliger Zurechnung fremden Verschuldens.

Die schädigende Handlung muß nur objektiv widerrechtlich gewesen sein; d. h. positiv: sie muß einen der in §§ 823 - 826 aufgestellten Tatbestände verwirklichen,[2]) und negativ: es darf kein Grund gegeben sein, der (wie z. B. Notwehr, Notstand) das an sich rechtswidrige Handeln zu einem rechtmäßigen macht. Das Vorliegen der positiven Seite der Widerrechtlichkeit muß nach allgemeinen Grundsätzen von dem Geschädigten bewiesen werden; dagegen naturgemäß nicht die negative. Sache des Geschäftsherrn ists, deren Vorhandensein durch Einrede zu behaupten und zu beweisen.

II. Durch das Tun des Bestellten muß ein Dritter einen Schaden erlitten haben. Das Gesetz unterscheidet drei Personengruppen: den Geschäftsherrn, den Bestellten und den „Dritten". Daraus geht klar hervor, daß der Bestellte nicht zu den „Dritten" gehört, denen gegenüber die Verantwortlichkeit nach § 831 eintritt. Das schließt selbstverständlich nicht aus, daß er den Geschäftsherrn in Anspruch nehmen kann, wenn er bei der Ausführung zu Schaden kam; aber das Wesentliche ist, daß er dem Geschäftsherrn das Vorhandensein eines Verschuldens nachweisen muß, während dieses zu Gunsten des Dritten vermutet wird: dessen Anspruch stützt sich auf § 831, der des beschädigten Bestellten auf § 823. Daß § 618 eine Ausnahme davon für den Dienstvertrag enthalte, wie Scherer S. 1312 behauptet, ist falsch. Wenn der Dienstberechtigte die ihm dort auferlegten Pflichten nicht erfüllt, befindet er sich in Verschulden; daß dies zutrifft, hat aber der Kläger, der Dienstverpflichtete, darzutun. Worin soll hier die Ausnahme, der „Widerspruch" liegen, den Scherer zu sehen glaubt?

III. Während bei der Zurechnung fremden Verschuldens innerhalb eines Schuldverhältnisses die Frage nach der Beschaffenheit des Kausalzusammenhanges zwischen der Zuziehung des Schadenstifters und der Schädigung äußerst schwierig und bestritten ist, schneidet hier das Gesetz die dort entstandne Streitfrage ab, indem es ausdrücklich

[1]) Planck S. 625; Staudinger S. 725; Oertmann I S. 568; Neumann S. 398; Dernburg II S. 624; Fischer-Henle S. 429; Enneccerus S. 855; Crome S. 1051; Liszt S. 102; Nöldeke S. 773; Brückner S. 341; Isay S. 389; Pfeiffer S. 41 ff.; Wertheimer S. 49; Blau S. 36. Offenbar auch Leske S. 340. Mit Zweifeln dafür Kipp S. 923.

[2]) So zuerst Liszt S. 101, 106. S. auch RG. Bd. 49 S. 28.

verlangt, daß der Schaden in Ausführung der Verrichtung [1]) zugefügt worden sei.[2]) Alle Zweifel sind aber damit nicht aus der Welt geschafft.[3]) Klar ist, daß durch diese Fassung die Verantwortlichkeit des Geschäftsherrn für den Schaden, der nur bei Gelegenheit der Ausführung angerichtet wurde, abgelehnt wird.[4]) Aber wenn danach auch die an der Peripherie gelegnen Möglichkeiten leicht entschieden werden können, ist damit die Schwierigkeit der Scheidung der Grenzfälle noch nicht gehoben: wann ist eine Handlung in Ausführung der Verrichtung, wann nur bei dieser Gelegenheit unternommen? Daß die oft angezogne Ausführung des Reichsgerichts zu dem ganz analogen Art. 1384 des code civil, „die schädigende Handlung müsse in den Kreis derjenigen Verrichtungen gehören, welche die Ausführung der Verrichtung darstellen"[5]) einen nennenswerten Dienst leisten könne, seh ich nicht ein; denn sie enthält nichts weiter als eine Umschreibung der Worte des Gesetzes.

Soviel ist jedenfalls gewiß, daß es nicht genügt, wenn die Zuziehung des Täters nur eine der Bedingungen des Schadens war. Vielmehr muß die Vornahme der schädigenden Handlung gerade in der technischen Eigenart der Verrichtung, die dem Bestellten übertragen war, ihren Grund haben; denn nur dann gehört sie zur Ausführung, kann also nur dann „in Ausführung" erfolgt sein. „Das bloße zeitliche oder örtliche Zusammentreffen einer schuldhaften Handlung des Bediensteten mit der Dienstverrichtung kann nicht genügen, um die Haftung des Herrn zu begründen, da diese sonst auf dem Dienste völlig fremde Handlungen ausgedehnt würde; es muß vielmehr, um annehmen zu können, daß der Geschäftsträger oder das Hausgesinde, ‚in den ihnen anvertrauten Verrichtungen' [die Entscheidung erging für das badische Landrecht] gehandelt habe, ein innerer Zusammenhang zwischen der Dienstverrichtung und dem Verschulden bestehen" (Reichsoberhandelsgericht).[6]) Treffend ist auch die von

---

[1]) Das französische Recht drückt dasselbe aus mit den Worten: „dans les fonctions", das englische mit den Worten: "within the scope of the employment".

[2]) Es muß auch wirklich eine Ausführungshandlung gegeben sein. Wenn der Täter nur meint, er nehm eine solche vor, während dies objektiv nicht zutrifft, kann dieser Wahn eine Haftung des putativen Geschäftsherrn nach § 831 nicht begründen; denn dieser ist eben nicht Geschäftsherr. Die entgegengesetzte Ansicht von Pfeiffer S. 40 ist unhaltbar und durch nichts begründet.

[3]) Das Reichsgericht (RG. Bd. 15 S. 127) bezeichnete den Begriff „Handlungen in Ausführung eines Geschäftes" als einen „vagen, zu erheblichen Kontroversen Anlaß gebenden und nicht einmal die bloß bei Gelegenheit solcher Ausführung vorkommenden Handlungen klar ausschließenden". Vgl. auch Prot. der Kommission zur Beratung eines allgemeinen deutschen Handelsgesetzbuchs 1861 S. 4518.

[4]) Fels S. 32 wollte auch für solchen Schaden Haftung des Geschäftsherrn bestimmt wissen; ebenso de lege ferenda Liszt S 103 Anm. 6. — Natürlich kann immer noch Verantwortlichkeit nach § 823 in Frage kommen.

[5]) RG. Bd. 24 S. 334; wörtlich wiederholt in einem spätern Urteil in demselben Bande S. 125.

[6]) ROHG. Bd. 25 S. 183.

Gysler S. 51 mitgeteilte Darlegung des französischen Juristen Junier: Die schädigende Handlung müsse direkt oder indirekt aus der Arbeit hervorgehen, die der Bestellte verrichtet, und sich nicht nur auf irgend eine Weise durch zeitliche, örtliche oder dienstliche Umstände damit verbinden.

Es haftet danach der Meister, wenn der Klempnergeselle bei der Arbeit das Kohlenbecken umwirft, das er zum Löten braucht, und dadurch einen Brand verursacht. Man wird auch eine Verantwortlichkeit des Schneiders annehmen müssen, dessen Angestellter mit seiner Einwilligung spät Abends in einem fremden Haus arbeitet und dabei die Lampe umstößt;[1]) denn in der Natur der Verrichtung lag es begründet, daß er dazu Licht brauchte.[2]) Hat er sich dagegen während der Arbeit eine Pfeife angezündet, durch das unvorsichtig weggeworfne Zündholz den Kleiderstoff zum Glimmen gebracht und dadurch den Brand herbeigeführt, so ist sein Meister nicht haftbar.

Wie aber, wenn der Geselle die Lampe oder das Kohlenbecken absichtlich umwirft, um sich auf diese Weise an dem Hauseigentümer zu rächen, dem er schon lange gram ist? Oder wenn ein bei einem Bau beschäftigter Zimmermann, der auf der Straße seinen Todfeind daherkommen sieht, im Jähzorn das Beil nach diesem schleudert und ihn verletzt? Kann der Unternehmer überhaupt für vorsätzlich begangne Schädigungen haftbar gemacht werden? Nach dem oben Gesagten ist das nicht möglich. Denn der Schaden wurde nicht durch die technische Eigenart der Verrichtung hervorgerufen, sondern durch Momente, die mit dieser nicht das Geringste gemein haben; und der Umstand, daß das Mittel der Schadenstiftung zufällig dasselbe ist wie das, mit dem die Verrichtung hätt ausgeführt werden sollen, kann doch gewiß keinen Unterschied begründen.

Dieses Ergebnis entspricht der bisherigen Praxis.[3]) So hat das Reichsoberhandelsgericht in der oben angeführten Entscheidung verneint, daß der Herr nach badischem Landrecht Satz 1384 (in diesem Punkte ganz dem § 831 entsprechend) für „frevelhaftes Verhalten" seines commettant hafte. Ebenso hat das Reichsgericht Bd. 24 S. 117 ff. ausgesprochen, daß eine Tötung nicht in Ausführung der Verrichtung erfolgt ist, wenn ein Arbeiter mit einem andern während der Arbeit in Streit geriet und von diesem mit einem Arbeitswerkzeug einen Stich erhielt, infolge dessen er starb. Zweifel können sich freilich darüber erheben, ob die Haftung nicht wenigstens dann eintreten soll, wenn der Anlaß der vorsätzlichen Schädigung gerade in der übertragnen Verrichtung, in der Arbeit lag; wenn z. B. der Streit deshalb entstand, weil der eine Arbeiter behauptete, der andre strenge sich bei der Arbeit

[1]) Dieser Fall lag dem Obergericht Neuchâtel vor, das zu demselben Ergebnis kam; Schneider S. 173.

[2]) Voraussetzung der Haftung ist selbstverständlich, daß der Meister den Entlastungsbeweis nicht führen kann, den ihm der zweite Satz offen läßt.

[3]) Da der code civil und das badische Landrecht in diesem Punkte mit dem bürgerlichen Gesetzbuch völlig übereinstimmen, sind die dazu ergangnen Entscheidungen auch jetzt noch verwertbar.

nicht genügend an; und zwar nicht während der Arbeitspause, sondern während der Arbeit. Allein das Reichsgericht hat mit Recht ausgesprochen,[1]) daß auch in diesem Fall die Verletzung nicht in Ausführung der Verrichtung erfolgt ist. Mit Recht deshalb, weil der Grund des Deliktes in Wahrheit nicht in der Art der übertragnen Verrichtung, sondern in schlechten subjektiven Eigenschaften des Täters liegt. Allerdings fügt das Reichsgericht hinzu, „es fehle die Feststellung, daß sich die Mißhandlung [um eine solche handelte es sich in dem speziellen Fall] als eine zur Ausführung des Auftrages gehörende Handlung und damit als einen Teil der Ausführung selbst darstelle", scheint also der Ansicht zu sein, daß unter besondern Umständen auch eine vorsätzliche Handlung in Ausführung der Verrichtung vorgenommen sein könne. Doch vermag ich mir eine derartige Möglichkeit nicht vorzustellen; denn wenn der Geschäftsherr den Bestellten nicht geradezu mit der Mißhandlung beauftragt, — wobei er dann wegen eignen Verschuldens haften würde, so daß dieser Fall für uns nicht in betracht kommt — ist es undenkbar, daß eine Mißhandlung „zur Ausführung des Auftrags gehört". — Aehnlich hat das OLG. Köln entschieden,[2]) der Angestellte handle bei der Fälschung von Quittungen, der unbefugten Erhebung von Geldern bei einem Dritten und deren Unterschlagung aus eignem Antrieb; er befinde sich bei keiner dieser Handlungen innerhalb der Ausführung irgend einer ihm aufgetragnen Dienstverrichtung. Für das neue Recht ist mir nur eine einzige hieher gehörige Entscheidung bekannt, die sich gleichfalls in diesem Sinn ausspricht: Der Prokurist, der im Verlaufe von geschäftlichen Unterhandlungen dem Vertragsgegner durch Verbreitung unwahrer Behauptungen eine Kreditschädigung zufügt, handelt nicht in Ausführung der Geschäftsverrichtung im Sinn des § 831 (OLG Karlsruhe)[3]).

Das Ergebnis ist also: Vorsätzliche Schädigungen sind nie in Ausführung der Verrichtung erfolgt.[4]) Bei fahrlässigen muß diese Frage von Fall zu Fall unter Anwendung des oben bezeichneten Kriteriums untersucht werden; dabei ist zu beachten, daß sich mangelhafte Ausführung immer noch als Ausführung darstellen kann.

§ 15. 2. **Die gesetzlich vermuteten Voraussetzungen.**

Sache des Geschädigten ist es, das Vorhandensein aller bisher aufgeführten Erfordernisse nachzuweisen; dafür kommt ihm der Gesetzgeber ein beträchtliches Stück Weges dadurch entgegen, daß er bestimmt, das Vorliegen der beiden noch fehlenden Voraussetzungen für die Haftung des Geschäftsherrn solle vermutet werden: sein Ver-

[1]) RG. Bd. 24 S. 336.
[2]) Puchelts Ztschr. für das franz. Civilrecht Bd. 24 S. 104.
[3]) Recht 1903 S. 154.
[4]) Ebenso Wertheimer S. 50; Meisner S. 296; etwas zaghaft Nöldeke S. 780, der nicht konsequent genug ist, die Folgerungen in seinem Beispiel zu ziehen. A. M. Liszt S. 103 Anm. 6; Bieder S. 342.

schulden und der Kausalzusammenhang zwischen diesem und der Schädigung.

I. Zunächst sein Verschulden: er haftet solang, bis er den Exkulpationsbeweis führt. Wenn wir im Folgenden dessen Voraussetzungen betrachten, sind wir in der angenehmen Lage, häufiger als bisher auf die Rechtsprechung der Obergerichte Bezug nehmen und eine reichlichre Kasuistik bieten zu können. Auch das Reichsgericht hat schon verhältnismäßig oft zu dieser Frage Stellung genommen und seine von Anfang an vertretne Auffassung streng festgehalten, so daß sich bereits eine ständige Praxis herausgebildet hat. Auffällig ist dabei, daß wohl in keiner andern Materie binnen so kurzer Zeit so oft die Entscheidungen der Oberlandesgerichte aufgehoben worden sind; soweit ich die veröffentlichten Urteile des Reichsgerichts überblicke, hat sich dieses fast ausnahmslos zu Zurückverweisungen veranlaßt gesehen. Es erklärt sich dies daraus, daß sich die Gerichte nach der Einführung des bürgerlichen Gesetzbuchs in der Ausdehnung der Haftung für fremdes Verschulden nicht genug tun zu können glaubten, während das Reichsgericht in bedächtigrer Auslegung des Gesetzes und im allgemeinen mit größerm Verständnis für die Forderungen des Lebens zu sehr erheblichen Einschränkungen der Zurechnung gelangte.

1. Will sich der Geschäftsherr entlasten, so muß er jedenfalls immer nachweisen, daß er „bei der Auswahl der bestellten Person die im Verkehr erforderliche Sorgfalt beobachtet hat". Ich halt es für irrig, auf das Wort „bei der Auswahl" entscheidendes Gewicht zu legen und mit dem Reichsgericht[1]) zu folgern, daß es deshalb ohne Bedeutung sei, wenn sich der Täter während des Dienstes als unzuverlässig erwiesen habe, falls er nur bei seiner Anstellung ein für seinen Dienst geeigneter ordentlicher Mann gewesen sei.[2]) Denn in jedem einzelnen Fall, in dem der Geschäftsherr den Bestellten mit der Vornahme einer Verrichtung betraut, „wählt" er ihn dazu aus; er ist ja auf Grund der Bestellung noch lange nicht verpflichtet, den Bestellten auch wirklich im Dienste zu verwenden, ihm eine Tätigkeit zu übertragen, ihn „auszuwählen". Hat sich ergeben, daß er nicht der zuverlässige Mann ist, für den ihn der Unternehmer bei der Bestellung hielt und halten durfte, so verletzt dieser die erforderliche Sorgfalt, wenn er ihn gleichwohl noch zur Ausführung einer Tätigkeit beizieht. Dabei ist aber zu beachten, daß auch dem Ordentlichsten ein Versehen unterlaufen kann, und daß deshalb allein noch kein Grund besteht, ihm zu mißtrauen; es wird auf die Größe und

[1]) RG. Bd. 53 (N. F. Bd. 3) S. 56 (s. aber auch S. 57 oben!), jur. Wochenschrift 1903 Beilage S. 9.

[2]) Richtig dagegen das Reichsgericht für das preußische Recht RG. Bd. 38 S. 306: „Es ist grundsätzlich dasselbe, ob von vorneherein ein untüchtiger Gehilfe gewählt, oder ob er nach erkannter Untüchtigkeit beibehalten worden ist, obwohl der Widerruf des Auftrages [um einen solchen handelte es sich im vorliegenden Falle] nach Lage der Sache möglich und geboten war"; ebenso das Reichsgericht in Gruchots Beiträgen Bd 36 (N. F. Bd. 1) S. 448.

Art der Verfehlung und auf andre Umstände ankommen, die nur im einzelnen Fall gewürdigt werden können.

Ueberhaupt hat das Gesetz peinlich vermieden, den Richter in der Berücksichtigung und Verwertung der Verhältnisse irgendwie zu binden, was klar dadurch zum Ausdruck kommt, daß alles auf den Begriff „der im Verkehr erforderlichen Sorgfalt" abgestellt wird. Was der Verkehr verlangt, natürlich nur der „gesunde" (Prot. Bd. II S. 604), der „vernünftige und normale Verkehr" (Reichsgericht)[1], kann sehr zweifelhaft sein und ist der verschiedensten Auslegung fähig,[2]) wenn auch als Richtschnur daran festzuhalten ist, daß nicht mehr gefordert werden darf als die Sorgfalt, „die nach allgemeiner Ansicht und nach der Erfahrung der Fachleute sowie nach menschlicher Voraussicht genügt, um den Eintritt von Unfällen zu verhüten" (Obergericht Zürich)[3]), daß man sich „mit Vorkehrungen begnügen darf, die nach vernünftiger, auf die Erfahrung gegründeter Erwägung ausreichen, wenn auch besondere Zufälligkeiten ihre Wirkung vereiteln können" (Bayr. oberstes Landesgericht)[4]). Es läßt sich nach der Entstehungsgeschichte nur negativ feststellen, daß keinesfalls die im Verkehr übliche Sorgfalt gemeint ist, weil ein im Verkehr eingerißner Schlendrian nicht beachtet werden darf (Prot. Bd. II S. 604).

Eine allgemeine Regel kann nicht aufgestellt werden; es seien nur einige Fälle aus der Rechtsprechung hervorgehoben: Die Haftung ist nicht etwa nur dann begründet, wenn der Geschäftsherr eine Person auswählt, deren Untüchtigkeit ihm bekannt ist, sondern schon dann, „wenn er nicht den gewöhnlichen Grad von Aufmerksamkeit eines ordentlichen Mannes aufgewendet hat, um sich die nach dem Maßstab der Einsicht eines solchen Mannes überzeugende Kenntnis davon zu verschaffen, daß der, dem er die Ausübung einer Tätigkeit aufträgt, die an sich geeignet ist, (bei Realisierung durch einen dazu Untüchtigen) Schaden zu verursachen, die zur gehörigen Ausübung erforderliche Tüchtigkeit besitze, d. h. die (je nach der Eigenart der betreffenden Verrichtung) zur Ausübung in dieser Weise notwendigen Eigenschaften sei es des Körpers (Kraft, Gewandtheit), sei es der Einsicht oder des Willens (Kenntnis, Erfahrung, Zuverlässigkeit)". (Reichsgericht für das preußische Recht[5]). Welches Maß solcher Eigenschaften zu verlangen ist, hängt von der Art der Tätigkeit ab, zu deren Vornahme die Auswahl erfolgt: Bei Uebertragung schwieriger, komplizierter, verantwortungsvoller Verrichtungen wird ein positiver Nachweis zu verlangen sein, daß die bestellte Person die ausreichende fachmännische Befähigung zu solchen Arbeiten besitzt; handelt sichs aber um ganz

[1]) Jur. Wochenschrift 1902 Beilage S. 256.

[2]) Aus diesem persönlichen Moment in der Beurteilung erklärt sich auch mit die oben festgestellte auffällige Abweichung der Anschauung des Reichsgerichts von der der Oberlandesgerichte.

[3]) Mitgeteilt bei Schneider S. 173.

[4]) Samml. v. Entsch. d. bayr. obersten Landesgerichtes in Civilsachen N. F. Bd. 3 S. 55.

[5]) Jur. Wochenschrift 1889 S. 294.

einfache Verrichtungen, so kann das Gericht den Beweis, daß den Geschäftsherrn keine Schuld an der Auswahl trifft, ohne weiters als geführt ansehen, wenn der betreffende Arbeiter nach seinem Berufe für die fragliche Aufgabe geeignet erscheint, wenn sie überhaupt keine fachmännische oder technische Geschicklichkeit erfordert, und der Beauftragte ihr nach Alter und Geschlecht gewachsen ist, auch keinerlei Anhaltspunkte dafür vorliegen, daß besondre Gründe (Trunksucht, Leichtsinn u. s. w.) bestanden, die den Geschäftsherrn hätten abhalten sollen, dem Betreffenden die Verrichtung zu übertragen (OLG. Stuttgart).[1]) Unter Umständen genügt es aber noch nicht, wenn der Geschäftsherr ermittelt hat, daß der zu Bestellende in technischer Hinsicht zur Ausführung der Verrichtung befähigt ist; so muß er sich bei der Auswahl eines Motorwagenführers auch darüber vergewissern, ob dieser die einschlägigen Polizeivorschriften kennt (OLG. Colmar).[2]) Da Untüchtigkeit sowohl auf körperlichen als geistigen als moralischen Eigenschaften beruhen kann, ist jedoch immer nötig, daß gerade die Untüchtigkeit, die der Geschäftsherr kannte oder kennen mußte, Ursache des eingetretnen Schadens war: wenn z. B. ein Auftraggeber an der erforderlichen Intelligenz des Beauftragten zu zweifeln Grund hatte, ihn aber für einen ehrlichen Mann halten durfte, und wenn der Beauftragte gerade in letzterer Beziehung das in ihn gesetzte Vertrauen täuscht, kann für den hiedurch einem Dritten entstandnen Schaden der Auftraggeber aus seinem Versehen bei der Auswahl nicht verantwortlich gemacht werden (Reichsgericht).[3])

2. „Sofern der Geschäftsherr Vorrichtungen oder Gerätschaften zu beschaffen oder die Ausführung der Verrichtung zu leiten hat" ist ihm die Exkulpation erschwert; er muß dann außerdem noch beweisen, daß er auch dabei die im Verkehr erforderliche Sorgfalt beobachtet hat. Die Beweislast für das Vorhandensein jener Voraussetzung trifft den Geschädigten: lag sie nicht vor, so braucht sich der Bestellende nicht erst weiter zu entlasten (Reichsgericht).[4])

Die Pflicht zur Beschaffung der Vorrichtungen oder Gerätschaften bedingt nicht, daß der Geschäftsherr in jedem Einzelfall aus den vorhandnen Stücken das entsprechende Gerät selbst (persönlich) auswählt und den Angestellten speziell zuweist; vielmehr kann das nach Umständen durch allgemeine Anweisung geregelt oder dem sachkundigen Ermessen eines Betriebsleiters, Poliers usw. für den jeweiligen Gebrauchsfall überlassen worden sein (Reichsgericht).[5]) Jedenfalls muß aber zu solchen generellen Anordnungen auch die Fürsorge dafür kommen, daß die er-

---

[1]) Deutsche Juristen-Ztg. 1903 S. 35.

[2]) Recht 1903 S. 551. Aehnlich das Reichsgericht in der deutschen Juristen-Ztg. 1903 S. 502.

[3]) RG. Bd. 38 S. 306.

[4]) Jur. Wochenschrift 1903 Beilage S. 10; RG. Bd. 53 (N. F. Bd. 3) S. 56 = jur. Wochenschrift 1903 Beilage S. 9; RG. Bd. 53 (N. F. Bd. 3) S. 125 = jur. Wochenschrift 1903 Beilage S. 18.

[5]) RG. Bd. 53 (N. F. Bd. 3) S. 124 = jur. Wochenschrift 1903 Beilage S. 18. = deutsche Juristenzeitung 1903 S. 106.

forderlichen Gerätschaften zu gehöriger Zeit und am gehörigen Orte vorhanden sind (OLG. Posen).[1])

Eine Pflicht, die Ausführung der Verrichtung zu leiten, besteht selbstverständlich nicht in allen Fällen für den, der einen andern zu einer Verrichtung bestellt (Reichsgericht).[2]) Ob sie besteht, wird sich regelmäßig aus dem Verhältnis des Geschäftsherrn zu dem Bestellten im einzelnen Fall ergeben; aber auch da, wo eine Leitungspflicht an sich gegeben ist, kann sie nach Inhalt und Umfang verschieden sein (Reichsgericht).[3]) Eine Aufsichtspflicht ist nicht notwendig in ihr enthalten;[4]) allein denkbar ist eine solche gewiß.[5]) Der Geschäftsherr kann sich je nach den Umständen durch den bloßen Nachweis der Wahrung der im Verkehr erforderlichen Sorgfalt bei der Auswahl der bestellten Person allein nicht befreien, sondern darf sich vielmehr, um sich von dem Vorwurf einer Vernachlässigung der im Verkehr erforderlichen Sorgfalt zu wahren, auch einer Kontrolle nicht entschlagen (Reichsgericht).[6]) Insbesondre, wenn die konkrete Sachlage ergibt, daß bei dem Bestellten [7]) Unregelmäßigkeiten in der Wahrnehmung der von ihm übernommnen Pflichten stattgefunden haben, oder daß in seiner Person Umstände vorhanden sind, welche das Vorkommen solcher Unregelmäßigkeiten besorgen lassen, muß die Verbindlichkeit dazu, eine Ueberwachung vorzunehmen, als an sich gegeben erachtet werden (Reichsgericht).[8]) Solang der Geschäftsherr aber keine Veranlassung hatte, die Geschäftsführung zu kontrollieren, kann er unbedenklich voraussetzen, daß die Bestellten die ihnen übertragnen Verpflichtungen vollständig erfüllen (Reichsgericht).[9])

Der Begriff der Leitung deckt sich — wie schon oben erwähnt — nicht mit dem des gewöhnlichen Sprachgebrauchs: nicht allgemein um die Leitung des Geschäfts- oder Gewerbebetriebes handelt sichs, sondern um die Leitung der Ausführung einer bestimmten Verrichtung; es wäre besser gewesen, wenn der Gesetzgeber von „anleiten" gesprochen hätte. Ob und inwieweit der Geschäftsherr durch persönliche Tätigkeit die Leitung auszuüben hat, ist aus der vernünftigen Verkehrsanschauung und den besondern Verhältnissen des Falles zu entnehmen; ist die betreffende Verrichtung dem Bestellten zu selbständiger Ausführung anvertraut,

---

[1]) Rechtsprechung der Oberlandesgerichte Bd. 4. S. 57.

[2]) RG. Bd. 53 (N. F. Bd. 3) S. 58 = jur. Wochenschrift 1903 Beilage S. 9.

[3]) Jur. Wochenschrift 1903 Beilage S. 18.

[4]) Zu weit geht es, wenn das Reichsgericht (RG. Bd. 53, n. F. Bd. 3 S. 56 = jur. Wochenschrift 1903 Beilage S. 9; RG. Bd. 53 S. 125 = jur. Wochenschrift 1903 Beilage S. 18) eine solche Verpflichtung schlechthin in Abrede stellt.

[5]) Unrichtig ists aber, die Aufsichtspflicht als den wesentlichen Inhalt des § 831 aufzufassen und einen Oberbegriff „Haftung Aufsichtspflichtiger" zu konstruieren, der die §§ 831 und 832 in sich begreifen soll, wies Enneccerus I S. 854 ff. tut.

[6]) Jur. Wochenschrift 1902 Beilage S. 221.

[7]) Das Reichsgericht verwendet den sehr unglücklichen Ausdruck „Vertreter".

[8]) RG. Bd. 41 S. 212.

[9]) Gruchots Beiträge Bd. 36 (N. F. Bd. 1) S. 448.

und durfte sie ihm auch anvertraut werden, so kann von dem Geschäftsherrn nicht verlangt werden, daß er die Ausführung persönlich überwacht (Reichsgericht).[1]) Es genügt möglicherweise zur Wahrung der von ihm zu erfordernden Sorgfalt, daß er die Ausführung seiner Anordnungen Personen überließ, bei denen er auf sorgsame Wahrnehmung der betreffenden Angelegenheit vertrauen durfte. Das trifft z. B. bei einem Arzt hinsichtlich der Beleuchtung des Weges zu dem auf dem Hof befindlichen Abort zu (OLG. Celle);[2]) ebenso hat eine Stadtgemeinde die im Verkehr für die Leitung von Holzfällern erforderliche Sorgfalt beobachtet, wenn sie nur einen Förster bestellt hatte, der mit der Aufsicht über den Forst und die im Forst vorgenommnen Arbeiten beauftragt war (OLG. Stettin).[3])[4]) Wenn aber der sachverständige Bestellte einen auch dem Laien erkennbaren Fehler macht, und der Geschäftsherr diesen wahrnimmt, muß er ihn abstellen; sonst handelt er grob fahrlässig (Reichsgericht).[5])

Bei untergeordneten Diensten hat eine besondre Ueberwachung nicht für jede dienstliche Tätigkeit und nicht ununterbrochen stattzufinden; vielmehr ist nach Lage des Einzelfalls zu entscheiden, ob und inwieweit die Umstände Anlaß zu einer Kontrolle geben. Zumal wo sichs um eine einfache, der Kontrolle durch das Publikum tatsächlich unterliegende Arbeit handelt, wie die Beleuchtung einer Bahnhofanlage bei Dunkelheit während der verkehrsüblichen Zeit, darf der Unternehmer davon ausgehen, daß der sorgfältig Ausgewählte die Arbeit pünktlich verrichten werde, solang ihm kein besondrer Anlaß gegeben ist, an deren ordnungsmäßigen Ausführung zu zweifeln (Reichsgericht).[6]) Ueberhaupt wird man von einem Geschäftsherrn, der einen Komplex verschiedner Verrichtungen (z. B. ein Bauwesen) vornehmen läßt, nicht schlechthin verlangen können, daß er den einzelnen Arbeiter bei jeder vorkommenden Verrichtung persönlich überwache und beaufsichtigen lasse, und daß er für jede einzelne Hantierung spezielle Anordnungen treffe. Bei erwachsnen, eingelernten und geschäftserfahrnen Arbeitern darf der Unternehmer bis zu einem gewissen Grad eigne Urteilsfähigkeit und Umsicht, auch mit Rücksicht auf Vermeidung von Gefahren für die Arbeiter oder dritte Personen voraussetzen; und er wird Vorsichtsmaßregeln von der Art, wie sie in dem betreffenden Arbeitszweig allgemein bekannt und eingeübt oder auch schon nach gesundem Menschen-

---

[1]) RG. Bd. 53 (N. F. Bd. 3) S. 125 = jur. Wochenschrift 1903 Beilage S. 18 = deutsche Juristenzeitung 1903 S. 106.

[2]) Seufferts Archiv Bd. 55 (N. F. Bd. 25) S. 400; bestätigt vom Reichsgericht ebenda S. 401 f.

[3]) Rechtsprechung der Oberlandesgerichte Bd. 4 S. 285.

[4]) Eine strengre Auffassung vertritt das OLG. Posen: Die Bestellung eines Aufsehers kann zwar unter Umständen den Dienstherrn entschuldigen, jedoch nur dann, wenn der Aufseher die Aufsicht wirklich ausübt; und hievon muß der Dienstherr sich überzeugen (Rechtsprechung der Oberlandesgerichte Bd. 4 S. 57).

[5]) Bolze Bd. 6 S. 93.

[6]) RG. Bd. 53 (N. F. Bd. 3) S. 58.

verstand für jeden als notwendig erkennbar sind, den Arbeitern nicht stets von Neuem einschärfen müssen (Reichsgericht).[1])

Dieser Ueberblick über die bisherigen Ergebnisse der Rechtsprechung, denen nichts wesentliches beizufügen ist, wird genügen, um den ersten Teil der Schlußworte des Absatzes 1 von § 831 anschaulich zu machen.

II. Die Rechtslage des Geschäftsherrn wird noch nach einer andern Richtung verschlechtert: nicht nur das Vorhandensein seines Verschuldens, sondern auch das eines Kausalzusammenhanges zwischen diesem und der Schädigung wird vermutet; ein solcher Zusammenhang gehört aber zu den Voraussetzungen der Haftung, die ja Zurechnung des präsumiert eignen Verschuldens ist. Das Gesetz drückt dies so aus, daß es sagt, den Geschäftsherrn treffe die Beweislast dafür, daß der Schaden auch bei Anwendung der im Verkehr erforderlichen Sorgfalt entstanden wäre, d. h. daß deren Verletzung nicht kausal gewesen sei für die Schädigung. Dabei ist gleichgültig, ob dies in objektiven Momenten begründet ist (man denk an das bekannte Beispiel, daß der Kutscher auf einer Alpenreise das Gefährt durch Unachtsamkeit zum Absturz bringt, daß dieses aber in demselben Augenblick von einer Lawine verschüttet wird)[2]) oder in subjektiven (z. B. der Bestellte hat mit besonders großem, auch bei sorgfältiger Ueberwachung nicht entdeckbarem Raffinement gehandelt).[3])

§ 16. B. Verhältnis des § 831 zu § 278.

Nachdem wir die Bedingungen betrachtet haben, die gegeben sein müssen, damit § 831 zur Anwendung kommen kann, und nachdem wir schon vorher die Voraussetzungen kennen lernten, unter denen fremdes Verschulden nach § 278 zugerechnet wird, sind wir im Stande, die bestrittne Frage nach dem gegenseitigen Verhältnis dieser beiden Bestimmungen zu beantworten. Zu einem einwandfreien Resultat können wir nur dadurch kommen, daß wir die Tatbestände der beiden Paragraphen mit einander vergleichen; selbstverständlich stützen wir uns dabei auf die Ergebnisse, die unsre bisherige Darstellung geliefert hat.

Der Unterschied, der auf den ersten Blick in die Augen fällt, betrifft den Ersatzberechtigten: § 278 läßt nur gegenüber dem Gläubiger, also einer einzelnen, von vornherein genau bestimmten Person, haften; nach § 831 tritt dagegen die Zurechnung zu Gunsten jedes „Dritten" ein, d. h. zu Gunsten aller Menschen, ausgenommen den Besteller und den Bestellten. Hier entsteht die Verantwortlichkeit schon, wenn irgend jemand beschädigt wird; dort zieht die Verletzung für den Machtgeber[4])

---

[1]) Jur. Wochenschrift 1902 Beilage S. 256 = deutsche Juristenzeitung 1902 S. 461 = Gruchots Beiträge Bd. 46 S. 924.

[2]) Schütz S. 61.

[3]) Oertmann I S. 569.

[4]) Mit diesem Ausdruck, der dem preußischen Landrecht I 6 § 53 entnommen ist, wollen wir den Schuldner des § 278 und den Geschäftsherrn des § 831 zusammenfassen.

keinerlei Folgen nach sich, wenn sie nicht gerade den Gläubiger, einen Einzigen von Millionen, betroffen hat. Dazu kommt, daß das eine Mal Verschulden des Täters verlangt wird, das andre Mal nicht. Und schließlich bezieht sich § 278 nur auf Erfüllungshandlungen, § 831 auf den fast unerschöpfbaren Begriff der Verrichtung, worunter insbesondre auch die von § 278 nicht gedeckten Vorbereitungshandlungen zur Erfüllung fallen.

Gleichwohl ist es unrichtig, § 831 schlechthin als Erweiterung des § 278 aufzufassen. Denn vor allem setzt die erste Norm voraus, daß den Machtgeber ein Verschulden trifft, wenngleich nicht der Geschädigte dafür beweispflichtig ist, während die zweite auch ohne solches Platz greift. Außerdem genügt bei dieser, wie wir gesehen haben, daß der Schaden bloß bei Gelegenheit der Erfüllung entstanden ist; wenn dagegen jene zur Anwendung kommen soll, muß er gerade in Ausführung der Verrichtung verübt worden sein. Weiter verlangt § 831 im Gegensatz zu dem andern Paragraphen, daß der Machtgeber Geschäftsherrlichkeit hinsichtlich der auszuführenden Verrichtung habe (s. oben § 13 I 3, § 3 II 2 c). Endlich sei noch darauf hingewiesen, daß für den Geschäftsführer ohne Auftrag nie nach § 831, dagegen unter Umständen nach § 278 gehaftet wird.

Verwirrend hat es gewirkt, daß man unsrer Frage durch die Aufstellung der Begriffe Regel und Ausnahme, allgemeiner Norm und Spezialgesetz beizukommen suchte, wobei § 831 bald als Ausnahme aufgefaßt wird (so Endemann S. 501), bald als die allgemeine, weitre Rechtsregel für die durch § 278 nicht gedeckten Fälle — die herrschende Ansicht (so zuerst Liszt S. 105).[1] [2] Wenn man a als Ausnahme von b bezeichnet, heißt dies, daß das in b wirkende Prinzip an den Grenzen von a Halt mache. Es muß sonach, wer § 831 als

[1] Er verschweigt, woher er das Recht nimmt, völlig abzusehen von den „kleinen Verschiedenheiten", die außer der von ihm allein ins Auge gefaßten Abweichung noch bestehen, und die — wie wir gesehen haben — sehr bedeutend sind. Ebenso wie Liszt: Dernburg II S. 623 Anm. 2; Neumann S. 397; Staub S. 232; Nußbaum S. 72 Anm 1. Oertmann I erklärt S. 39 die Bestimmung des § 831 für „weniger weit greifend", sagt aber S. 569 das gerade Gegenteil: § 831 enthält die weitere Regel. (Der Zusatz „die für gewisse Fälle durch § 278 ergänzt und verschärft wird" ist unverständlich; denn die weitre Regel kann durch die weniger weit gehende nur beschränkt, d. h. gemildert, aber nicht verschärft, d. h. erweitert werden.) Im Anschluß an Liszt Schütz S. 67; Pfeiffer S. 30 und 59; mit einer kleinen Modifikation Wertheimer S. 17 f. (im Anschluß an diesen Blau S. 38).

[2] Isay S. 403 scheint mir trotz seiner Polemik gegen Liszt dasselbe wie dieser zu sagen: „Für den Schaden, den die Handlung verursacht hat, insoweit sie relative Rechtsverletzung ist, haftet der Dominus nach den Grundsätzen des § 278, für denjenigen, der durch die absolute entstanden ist, nur nach § 831." Relativ nennt er nämlich die Rechtsverletzung, wenn sie bloß dem Schuldner „möglich" ist, wobei die Verletzung durch seinen Erfüllungsmittler der durch ihn selbst gleichgestellt wird; absolut, wenn sie durch jeden Dritten geschehen kann (S. 374 f). Verständlicher ausgedrückt heißen also jene Worte: Der Schuldner haftet [nur] nach § 278; soweit ein Schuldverhältnis nicht besteht, kann bloß § 831 in Frage kommen (dieser zweite Satz besagt übrigens Selbstverständliches) — genau dasselbe, was Liszt unvergleichlich klarer ausgesprochen hat.

Einschränkung des § 278 auffaßt, § 831 für die Ausnahme, § 278 für die Regel erklären und umgekehrt. Nun hat sich aber gezeigt, daß jeder der beiden Paragraphen in gewisser Beziehung eine Erweiterung, in gewisser eine Einschränkung des andern enthält. Will man überhaupt mit dem Begriff der Ausnahme operieren, so muß man also jeden sowohl als Regel wie als Ausnahme auffassen: d. h. keiner ist Regel, keiner ist Ausnahme.

Wie gestaltet sich nun das Verhältnis der beiden Bestimmungen in der Praxis? Wir haben dabei natürlich nur die Fälle im Auge, wo Handlungen in Frage stehen, die zugleich Vertragsverletzung und Delikt sind.[1]) Denn wenn z. B. der Geschädigte nicht Gläubiger ist, versteht sichs von selbst, daß § 278 nicht angewendet werden kann; es bleibt dann also nur noch § 831 übrig. Das Schulbeispiel ist die schuldhafte Beschädigung der gekauften, aber noch nicht übergebnen Sache durch den vom Verkäufer mit dem Transport zum Käufer Beauftragten,[2]) bei dessen Auswahl dem Machtgeber Fahrlässigkeit zur Last fiel. Kann der Käufer Schadensersatz nach § 278 oder nach § 831 verlangen? Er kann es nach beiden. Um ein Analogon aus dem Prozeßrecht anzuführen: wie der Wechselgläubiger die freie Wahl hat, ob er seine Forderung im Wechselprozeß oder im ordentlichen Verfahren zur Geltung bringen will, so steht es auch hier im freien Belieben des Berechtigten, auf welche Gesetzesbestimmung er seinen Anspruch stützen will. Doch wie für jenen ist auch für ihn diese Möglichkeit rein theoretisch. Denn vernünftigerweise wird er sich stets für den vorteilhaftern Modus entscheiden. Günstiger stellt ihn aber eine Klage, die sich auf § 278, nicht auf § 831 gründet, weil dort Verschulden des Machtgebers nicht vorausgesetzt wird, so daß der Kläger nicht zu besorgen hat, dieser werde den nicht sonderlich schweren Entlastungsbeweis führen und sich auf diese Weise der Haftung entziehen. Erst wenn § 278 aus irgend welchen Gründen nicht Platz greift — z. B. weil den Täter kein Verschulden traf —, wird der Geschädigte versuchen, sich wenigstens noch gemäß § 831 bezahlt zu machen, wobei er sich freilich der Gefahr aussetzt, daß der Geschäftsherr sich exkulpiert. Es ist sehr wohl möglich, daß so in der praktischen Verwertung § 831 zur Ausnahme gegenüber § 278 wird; für die Theorie ist er das aber keinesfalls.

III. Zurechnung beim Aufsichtspflichtigen nach § 832.

§ 17. I. Die vom Geschädigten zu beweisenden Voraussetzungen der Zurechnung.

In ähnlicher Weise, wie § 831 den Geschäftsherrn für den Bestellten haften läßt, begründet § 832 eine Verantwortlichkeit des Aufsichtspflichtigen für das Tun und Treiben dessen, den er zu beaufsichtigen hat.

---

[1]) Mit diesen Fällen hat sich zuerst eingehender Goldschmidt S. 293 ff. befaßt.
[2]) Vorausgesetzt natürlich, daß nicht § 447 Platz greift.

I. Die grundlegende Voraussetzung ist also das Bestehen einer Aufsichtspflicht. Diese kann entweder eine ursprüngliche oder eine nachfolgende sein, aus einer bereits vorhandnen andern, viel weiter gehenden Pflicht entspringen. Das zweite bildet die Regel: sie ist meist die Folge eines personenrechtlichen Verhältnisses, in dem jemand zu einem andern steht; sie ist, wie § 832 sich ausdrückt, kraft Gesetzes begründet.

1. Doch begnügt sich das bürgerliche Gesetzbuch nicht damit, eine irgendwie geartete gesetzliche Aufsichtspflicht zu verlangen, wie das § 710 des ersten Entwurfs getan hatte; vielmehr setzt es als Subjekt eine Person voraus, „die wegen Minderjährigkeit oder wegen ihres geistigen oder körperlichen Zustandes der Beaufsichtigung bedarf". Besonders glücklich ist die darin enthaltne Gegenüberstellung nicht. Denn es ist klar, daß der Grund, aus dem ein Minderjähriger aufsichtsbedürftig ist, gleichfalls nur die Rücksicht sowohl auf seinen körperlichen wie seinen geistigen Zustand sein kann, nämlich die Rücksicht auf die Unreife, die bei ihm in beiden Beziehungen nach der Ansicht des Gesetzgebers vorliegt. Insofern besteht also ein Unterschied nicht; dieser ist anderswo zu suchen: Beim Minderjährigen wird ein der Beaufsichtigung bedürftiger Zustand fingiert;[1]) bei den an zweiter Stelle genannten Personen muß er immer erst nachgewiesen werden. In dem einen Fall hat der Kläger nur darzutun, daß es ein Minderjähriger war, der den Schaden anrichtete, was nie Schwierigkeiten machen kann; der Beklagte haftet dann, selbst wenn ihm der Gegenbeweis gelingt, daß im Einzelfall der Minderjährige wegen seiner geistigen und körperlichen Entwicklung der Aufsicht gar nicht mehr bedurfte.[2]) In dem andern Fall obliegt dagegen dem Geschädigten der unter Umständen sehr beschwerliche Nachweis, daß der Täter aufsichtsbedürftig sei. Darin liegt also die Bedeutung dieses Gegensatzes, die das Gesetz nur sehr undeutlich zum Ausdruck bringt. — Aber auch noch in andrer Hinsicht ist die Fassung des § 832 nicht ganz befriedigend. Er spricht von „Personen, die wegen ihres körperlichen oder geistigen Zustandes der Beaufsichtigung bedürfen" und meint doch nicht diese alle. Wer auf der Straße epileptische Anfälle bekommt, hat zweifellos Beaufsichtigung sehr nötig; aber ebenso zweifellos kann § 832 bei einer Schadenstiftung, die er in diesem Zustand veranlaßt hat, nicht zur Anwendung kommen, da niemand zur Führung der Aufsicht über ihn kraft Gesetzes verpflichtet ist[3]), und auch den Mildtätigen oder den Beamten der Rettungsgesellschaft, der sich seiner annimmt, gemäß Absatz 2 eine solche Verpflichtung nicht trifft. Der Gesetzgeber kann

---

[1]) Das meint wohl auch das Reichsgericht, wenn es Bd. 52 (N. F. Bd. 2) S. 73 ausspricht, hinsichtlich der Minderjährigen sei der Beisatz „der der Beaufsichtigung bedarf" überflüssig.

[2]) Freilich wird der Aufsichtspflichtige in diesem Fall leicht gehörige Erfüllung der Aufsichtspflicht beweisen können.

[3]) Dabei wird selbstverständlich vorausgesetzt, daß der Epileptische weder minderjährig ist noch unter Vormundschaft steht. — Uebrigens sei bemerkt, daß Schmidt S. 1201 auch für solche Fälle Aufsichtspflicht fortgesetzt wissen wollte.

nur an Entmündigte gedacht haben; denn nur diesen gegenüber ist kraft Gesetzes Aufsichtspflicht aus den aufgeführten Gründen gegeben. Warum hat er dann aber nicht kürzer und verständlicher von entmündigten Volljährigen gesprochen?

Wenn die Entmündigung eines solchen infolge Anfechtungsklage „aufgehoben" wird im Sinn des § 115,[1]) entsteht die Frage, ob der aus § 832 ersatzpflichtig gewordne Gewalthaber des bisherigen Mündels die Haftung unter Hinweis auf die Aufhebung ablehnen kann. Es ist nicht zu verkennen, daß viel dafür spricht. Dadurch, daß das Gericht die Entmündigung „aufhebt", wird autoritativ zum Ausdruck gebracht, daß sie von Anfang an zu Unrecht erfolgte, daß die erforderlichen Voraussetzungen in der Person des Entmündigten nicht vorlagen, d. h. speziell für unsern Fall, daß dieser nicht „wegen seines körperlichen oder geistigen Zustandes aufsichtsbedürftig" war. Damit ist aber der Haftung aus § 832 das Fundament entzogen. Andrerseits kann jedoch nicht geleugnet werden, daß trotzdem formell eine gesetzliche Aufsichtspflicht des Gewalthabers bestanden hat. Ich glaube, daß die Vorschrift des § 115^{1b} analog anzuwenden ist, wonach die Aufhebung auf die Wirksamkeit der von oder gegenüber dem gesetzlichen Vertreter vorgenommnen Rechtsgeschäfte ohne Einfluß ist. Diese Bestimmung wird auf das gesamte Verhalten des Gewalthabers auszudehnen sein, so daß auch pflichtwidrige Unterlassungen darunter fallen. Er kann also der Verantwortlichkeit trotz der Aufhebung und der daraus zu ziehenden Folgerungen nicht entkommen.

2. Wir haben schon betont, daß § 832 in der uns hier interessierenden Richtung nur dann zur Geltung kommt, wenn eine gesetzliche Aufsichtspflicht verletzt ist. Wann eine solche besteht, sagt das Gesetz an dieser Stelle nicht. Keinen Unterschied kann es machen, ob sie — wie in den meisten Fällen — unmittelbar auf Gesetzesvorschrift beruht oder nur mittelbar insofern, als eine Behörde sie angeordnet hat, der die Befugnis dazu vom Gesetz übertragen ist. Gleichgiltig ists auch,[2]) in welchem Rechtsgebiet die befehlende Norm sich findet[3]); materiell wird sie stets dem öffentlichen Recht angehören.

Zweifellos sind die Aufsichtspflicht und das ihr notwendig entsprechende Aufsichtsrecht ein Ausfluß der elterlichen Gewalt.[4])

---

[1]) Der Gegensatz ist die Erklärung, daß die Entmündigung beendet sei.

[2]) Ebenso Oertmann I S. 569; a. M. ohne Begründung Winter.

[3]) Sie kann auch auf Landesrecht beruhen. Daraus, daß in EG. Art. 95^2 der § 832 nicht mit aufgeführt ist, glaubt Pfeiffer S. 63 speziell für das Gesinderecht folgern zu müssen, eine landesgesetzliche Bestimmung, die den Dienstherrn auch außerhalb der dienstlichen Verrichtungen zur Aufsicht über das Gesinde verpflichte, habe nicht mehr die Wirkung, daß der Dienstherr wegen versäumter Aufsichtspflicht aus § 832 in Anspruch genommen werden könne; dem liegt aber unrichtige Anschauung von der Bedeutung des Art. 95^2 zu Grunde.

[4]) Die Frage, die Gysler S. 44 f. für den — dem § 832 entsprechenden — Art. 61 des schweizer. Obligationenrechts erörtert, ob der Ehemann als solcher in dessen Sinn über seine Frau aufsichtspflichtig ist, wird für das bürgerliche Gesetzbuch auch insoweit zu verneinen sein, als sichs um eine minderjährige Ehefrau handelt; denn der Mann hat nach § 1633 mit Mot. Bd. 4 S. 759

Denn deren Inhabern obliegt immer mindestens die Sorge für die Person des Kindes, und diese umfaßt nach § 1631 [1] unter anderm Recht und Pflicht, das Kind zu beaufsichtigen. Während des Bestands der Ehe ist beides Sache sowohl des Vaters [1]) (§ 1627) wie der Mutter (§ 1634[a]). Allein wenn diese auch an sich selbständig die Aufsicht zu üben hat, muß sie sich doch bei Meinungsverschiedenheiten dem Willen ihres Mannes unterordnen (§ 1634[b]), so daß es also in dessen Belieben gestellt ist, ob er seine Frau an der Erziehung des Kindes überhaupt teilnehmen läßt, und allenfalls inwieweit. Doch ist zu beachten, daß er ihr mit dem Aufsichtsrecht natürlich auch die Aufsichtspflicht abnimmt (s. darüber unten § 18 II). In den Fällen der §§ 1684 und 1685 obliegt diese der Mutter allein (§ 1686); nach der Scheidung der Ehe dem Gatten, dem die Sorge für die Person des Kindes nach der Vorschrift des Gesetzes oder der besondern Anordnung des Vormundschaftsgerichtes zusteht (§ 1635 [1]). Dasselbe wie für ein eheliches Kind gilt nach § 1719 für ein durch nachfolgende Ehe legitimiertes, nach § 1736 für ein als ehelich erklärtes, nach § 1757 für ein an Kindesstatt angenommnes; in dem letzten Fall geht die Fürsorgepflicht der leiblichen Eltern unter, kann aber wieder aufleben (§ 1765).

Wie sonst, hat auch in dieser Beziehung die Gewalt des Altersvormunds denselben Inhalt wie die elterliche Gewalt (§§ 1793, 1800 mit 1631 [1]): er hat grundsätzlich sein Mündel ebenso zu beaufsichtigen, wie die Eltern ihr Kind; tatsächlich wird man freilich an ihn, wie später zu zeigen ist, viel geringre Anforderungen stellen müssen als an diese. Eine Ausnahme besteht nur für den Vormund eines unehelichen Kindes bei Lebzeiten der Mutter, weil dann diese nach § 1707 für die Person des Kindes zu sorgen, es also auch allein zu beaufsichtigen hat; der Vormund nimmt insofern nur die rechtliche Stellung eines Beistands ein. Die für die Vormundschaft geltenden Bestimmungen finden nach § 1915 auf die Pflegschaft entsprechende Anwendung.[2]) Den Vormund eines Volljährigen trifft dagegen die Sorge für die Person des Mündels nicht schlechthin, sondern nur so weit, als der Zweck der Vormundschaft es erfordert (§ 1901 [1]); wann und inwieweit das der Fall ist, kann allgemein nicht gesagt werden. — Keine Aufsichtspflicht haben der Beistand und der Gegenvormund. Denn sie kommen mit der Sphäre des Kindes oder Mündels nicht in unmittelbare Berührung; ihre Aufgabe ist nur, die Mutter (§ 1689) oder den Vormund (§ 1799) bei ihrer Tätig-

---

nur tatsächlich für ihre Person zu sorgen, nicht sie zu beaufsichtigen. Das Obergericht Thurgau (Gysler S. 45; dagegen das Obergericht Genf, Schneider S. 168) und der Pariser Kassationshof (Weinrich S. 90 Anm. 2; dagegen das Urteil bei Sirey Nr. 58) haben diese Frage allerdings bejaht.

[1]) Ueber die historische Entwicklung seiner Haftung s. insbesondre Köster.

[2]) Nicht in betracht kommt die Bestimmung des § 1693, wonach ein Beistand, dem die Vermögensverwaltung übertragen ist, die Rechte und Pflichten eines Pflegers hat; denn maßgebend ist nur, wem die Sorge für die Person, nicht wem die für das Vermögen zusteht. A. M. Schollmeyer S. 103.

keit zu überwachen. Allerdings hat der Beistand die Mutter auch bei der Ausübung der elterlichen Gewalt zu unterstützen; die Sorge für die Person des Kindes ist jedoch gleichwohl einzig und allein die Sache der Mutter, nicht die seine.

3. Die Aufsichtspflicht ist nicht auf diese familienrechtlichen Verhältnisse beschränkt. Freilich geht das Gesetz lange nicht so weit wie der erste Entwurf, der in § 710 jeden haftbar machte, „der kraft des Gesetzes über einen Anderen die Aufsicht zu führen verpflichtet ist". Danach fiel auch die Aufsicht über Volljährige darunter, „wie sie im Herresdienste, im Staate und in der Kirche, im Verhältnis des Vorgesetzten zu den Untergebenen, im Hauswesen im Verhältnis des Dienstherrn zu dem Gesinde stattfindet" (Prot. Bd. II S. 594). Die zweite Kommission hat der Bestimmung die Fassung gegeben, die dann in der Hauptsache in das Gesetz übergegangen ist. Maßgebend für sie war, daß unterschieden werden müsse, ob die Aufsichtspflicht bestimmt sei, Beschädigungen Dritter vorzubeugen, oder ob sie andern Zwecken dienen solle.[1]) Die in dem jetzigen § 832 genannten Personen seien wegen ihres Zustands, der in ihrem eignen Interesse die Aufsicht über sie notwendig mache, gefährlich; die Aufsichtsführung müsse sich deshalb bei diesen auch darauf erstrecken, daß den Gefahren vorgebeugt werde, die von dem zu Beaufsichtigenden Andern drohten, die sich nicht um ihn zu kümmern hätten. Aber auch nur bei diesen. — Von dieser sehr angemeßnen Unterscheidung der Aufsichtspflicht müssen wir ausgehen, wenn wir untersuchen, in welchen Beziehungen außer den familienrechtlichen § 832 noch zur Anwendung kommt.

Es kann sich im wesentlichen nur um das Verhältnis zwischen Lehrherrn und Lehrling und das zwischen Lehrer und Schüler handeln. Nöldeke S. 783 und Winter erklären § 832 auf diese Fälle für unanwendbar, weil hier die Aufsichtspflicht aus andern Gründen als zum Schutze Dritter vor Gefährdung festgesetzt sei. Nun ist aber zu beachten, daß die Protokolle nicht etwa sagen, die Aufsichtspflicht im Sinn des § 832 habe nur den Zweck, Schädigungen Andrer zu verhüten, und dürfe nur diesen haben; vielmehr ist das bloß ihre eine, noch dazu nicht ihre wesentlichste Seite. Die entgegengesetzte Anschauung wär unhaltbar. Wer wollt im Ernst behaupten, daß die Fürsorgepflicht der Eltern für ihr Kind, aus der ihre Verpflichtung zu dessen gehöriger Beaufsichtigung folgt, auf die Verhütung von Verletzungen Dritter abziele? Nebenbei gewiß; aber nur nebenbei. Sonst würde ja das Elternhaus zum Kerker und das Kind zum Sträfling degradiert. Jenes Hauptargument Nöldekes und Winters ist deshalb hinfällig. Sicherlich ist Nöldeke beizustimmen, wenn er meint, die Aufsicht des Lehrers über den Schüler besteh im Interesse einer gedeihlichen Wirkung des Schulunterrichts, und ganz ähnlich seis mit der des Lehrherrn über den Lehrling. Aber ebensowenig, wie die unbestreitbare Tatsache, daß das Eltern- und Kindesverhältnis nicht deshalb rechtlich ausgebildet

[1]) Vgl. auch Denkschrift (Heymanns Verlag) S. 151.

ist, um die Sicherung des Publikums zu garantieren, die Aufsichtspflicht der Eltern ausschließt, die eine solche Sicherung mit sich bringt, — ebensowenig kann eine entsprechende Folgerung für das Schul- und Lehrrecht gezogen werden. Das Reichsgericht[1]) hat denn auch in ausführlicher Darlegung der Gründe, aus denen § 832 auf den Lehrherrn zur Anwendung kommt, die Ansicht Nöldekes ausdrücklich abgelehnt.

Nach dem Gesagten haben wir zu untersuchen, ob nicht neben den nächstliegenden andern Aufgaben des Lehrers und des Meisters auch noch eine Aufsichtspflicht im Sinn des § 832 besteht. Für den Lehrherrn ergibt sie sich aus § 127 der Gewerbeordnung, speziell für den Prinzipal eines Handlungslehrlings aus § 76 HGB. Es ist hier bestimmt, daß er die Ausbildung des Lehrlings zu leiten, ihn zur Arbeitsamkeit und zu guten Sitten anzuhalten und vor Ausschweifungen zu bewahren habe. Dadurch „wird ein Erziehungsverhältnis begründet, ein Erziehungsrecht und eine Erziehungspflicht. Die Pflicht der Sorge für die sittliche Erziehung des Lehrlings greift dem Sinn und dem Zweck dieser Aufgabe gemäß über das eigentliche Arbeitsverhältnis hinaus und begründet die Verpflichtung des Lehrherrn, sich auch um das Verhalten des Lehrlings außerhalb des Betriebes zu kümmern.“ (Reichsgericht).[2]) Um so mehr erstreckt sich dieses Aufsichtsrecht natürlich auf eine Verrichtung, die mit dem Betrieb in unmittelbarem Zusammenhang steht (Reichsgericht).[3]) Für den Lehrer fehlt allerdings eine derartige ausdrückliche Bestimmung; aber da sonst der Zweck des Unterrichts, die geistige Ausbildung des Schülers, unmöglich erreicht werden könnte, ist nicht zu bezweifeln, daß auch dem Lehrer eine — freilich beschränktre — Erziehungspflicht obliegt.[4]) Beschränkter deshalb, weil sie über den Bereich des Unterrichts keinesfalls hinausgreift und auch innerhalb dieses Rahmens nur soweit gegeben ist, als dadurch nicht die vornehmste Aufgabe des Lehrers, das Lehren, Unterrichten, beeinträchtigt wird (vgl. dazu Külz S. 46). Warum die Erziehungspflicht des Lehrherrn und des Lehrers nicht ebenso wie die der Eltern dazu dienen kann — und nur darauf kommts ja an —, Beschädigungen Dritter zu verhüten, ist nicht einzusehen.[5])

II. Wie die Geschäftsherrlichkeit kann auch die Aufsichtsführung mit den daraus entspringenden Rechten und Pflichten durch Vertrag

---

[1]) RG. Bd. 52 (N. F. Bd. 2) S. 71 ff.

[2]) Aus der angeführten Reichsgerichtsentscheidung S. 74.

[3]) Jur. Wochenschrift 1902 Beilage S. 265.

[4]) Külz hält die Anwendbarkeit des § 832 auf den Lehrer offenbar für so selbstverständlich, daß er auf diese Frage mit keinem Wort eingeht.

[5]) Es sei auch darauf hingewiesen, daß der Gesetzgeber die Beschränkung auf die „häusliche Aufsicht“, wie sie das ihm bekannte schweizer Obligationenrecht bestimmt, nicht aufgenommen hat; wenn wir aber von einer nicht häuslichen Aufsicht reden, denken wir eben in erster Linie an die der Lehrherrn und Lehrer. Bezeichnend ist, daß Gysler S. 43 trotz jener Beschränkung für das schweizer Recht die Aufsichtspflicht des Lehrherrn schlechthin, die des Lehrers mit einer kleinen Modifikation, der Kommentar von Schneider-Fick 1. Aufl. S. 76 auch diese unbedingt anerkennt.

übernommen und so ursprünglich, selbständig begründet werden. Auch hier sind die Worte „durch Vertrag" erst von der Reichstagskommission eingeschoben worden. Zwar hatte schon die zweite Kommission ausgeführt (Prot. Bd. II S. 596), „aus der Notwendigkeit der Fürsorge für die Minderjährigen und Geisteskranken folge noch nicht, daß jeder, der sich eines solchen Schutzbedürftigen freiwillig annehme, die Verpflichtung zu dessen Beaufsichtigung übernehme; diese freiwillige Uebernahme der Obhut, die häufig nur in der Vornahme einer oder einzelner Handlungen bestehe, lege dem Aufsichtsführer weder dem Beaufsichtigten noch Dritten gegenüber eine Verpflichtung auf. Zwischen dem Aufsichtsführer und dem Beaufsichtigten bestehe während der Dauer der Aufsichtsführung nur ein tatsächliches Verhältnis: dem Leben sei es durchaus fremd, hier eine rechtliche Verpflichtung eintreten zu lassen." Die Reichstagskommission billigte diese Gründe vollständig, und um jeden Zweifel auszuschließen, schob sie jene Worte ein. Wenn ihr Bericht S. 103 sagt, diese seien für die Worte „für den kraft Gesetzes Verpflichteten" eingefügt worden, die sich seit dem ersten Entwurf erhalten hatten, aber jetzt gestrichen wurden, so ist das zum mindesten eine Ungenauigkeit, die irre führen kann. Man möchte vielleicht daraus entnehmen, daß die ausgemerzten und die neu eingeschobnen Worte dasselbe besagten; das wäre jedoch falsch. Denn man kann auch rein tatsächlich für den Verpflichteten die Aufsichtsführung übernehmen; die beiden Begriffe fallen nicht zusammen. Ein einleuchtender Grund für jene Streichung ist nicht zu finden.

Der Vertrag, den Absatz 2 voraussetzt, steht unter den allgemeinen Regeln. Uns interessiert hier nur, daß nach diesen unter Umständen wortloser Antrag und stille Annahme genügen, ihn zu Stande zu bringen. Zwar kommt für uns die von Nöldeke S. 783 erörterte Frage nicht in betracht, ob die Lehrherrn oder Lehrer dadurch, daß sie die Lehrlinge oder Schüler in Pflege und Kost nehmen, die Aufsichtsführung übertragen erhalten; denn wir haben ihre Aufsichtspflicht als eine gesetzliche gekennzeichnet. Aber man denk an den praktisch sehr wichtigen Fall, daß ein Kind von seinen Eltern zu Verwandten, die es eingeladen haben, in eine andre Stadt auf Besuch geschickt wird. Ist hier der erforderliche Vertrag geschlossen worden? Ich trage keine Bedenken, das zu bejahen. Jene Verwandten wußten, daß das Kind der Aufsicht bedarf, und daß die Eltern sie unmöglich ausüben können, wenn sie der Einladung Folge leisten; es ist also in dieser der Antrag enthalten, das Kind während seines Aufenthalts in der fremden Stadt gehörig beaufsichtigen zu wollen. Der Antrag ist von den Eltern dadurch angenommen worden, daß sie der Einladung entsprechend das Kind geschickt haben; eine ausdrückliche Annahme war nicht nötig, weil sie in solchen Fällen nach der Verkehrssitte nicht zu erwarten ist (§ 151). Der Vertrag ist mithin gültig zu Stand gekommen: wenn das Kind Schaden stiftet, nehmen die Leute, bei denen es zu Besuch weilt, die juristisch ungünstige Stellung ein, die § 832 dem Aufsichtspflichtigen zuweist.[1])

[1]) A. M. ohne nähre Begründung Nöldeke S. 782.

Der eine Kontrahent muß immer der sein, der die Aufsichtspflicht übernehmen soll. Gegenkontrahent braucht auch hier nicht — ebensowenig wie im Fall des § 831² — gerade der primär Pflichtige zu sein; ein Zweifel ist hier noch weniger möglich als dort, da die Worte der Entwürfe „für den kraft Gesetzes Verpflichteten" nicht in das Gesetzbuch übergegangen sind.[1]) Wird ein Beispiel gewünscht, so sei an den barmherzigen Samariter erinnert, der bei der Fortsetzung der Reise die Obhut über seinen Pflegling dem Wirt übergab; bei Unglücksfällen kommt derartiges ja nicht selten vor. Ob freilich die Person, die praktisch am meisten in betracht kommen wird, der Aufsichtspflichtige selbst, ohne Einwilligung seines gesetzlichen Vertreters den Vertrag schließen kann, ist sehr zweifelhaft. Jedenfalls ist das zu verneinen, wenn er geschäftsunfähig ist. Wie aber, wenn sichs um einen beschränkt Geschäftsfähigen handelt? wenn etwa mitleidige Leute einen verirrten zehnjährigen Knaben für die Nacht in ihr Haus aufnehmen? Man könnte sich vielleicht auf § 107 berufen und sagen, der Vertrag sei ganz ähnlich wie in dem oben angeführten Beispiel zu Stand gekommen; daß die Einwilligung des gesetzlichen Vertreters fehle, schade nichts, da der Knabe durch den Vertragsschluß lediglich einen rechtlichen Vorteil erlangt habe. Allein gerade das letzte Erfordernis ist nicht gegeben. Zwar hat der Verirrte durch die Aufnahme für die Nacht ganz gewiß einen Vorteil erlangt, aber nur einen tatsächlichen, keinen rechtlichen, da seine juristischen Positionen, auf die es allein ankommt, nach wie vor unverändert geblieben sind. Ganz anders freilich, wenn der gesetzliche Vertreter nach § 108 nachträglich den Vertrag genehmigt. Es wird dann kein Mittel geben, den mitleidigen Leuten die Aufsichtspflicht nach § 832 abzusprechen, da sie naturgemäß die Minderjährigkeit des Knaben gekannt haben, so daß ein Widerruf nach § 109² ausgeschlossen ist. Allerdings muß zugegeben werden, daß dies mit der in den Protokollen klar ausgesprochnen ratio legis nicht recht übereinstimmt.

III. Außer diesen subjektiven Voraussetzungen muß der Beschädigte — ebenso wie im Fall des § 831 — auch noch behaupten und beweisen, daß der Aufsichtsbedürftige ihm einen Schaden zugefügt hat, und daß dadurch einer der in den §§ 823—826 aufgestellten objektiven Tatbestände gegeben ist; der Beklagte kann dann einredeweise geltend machen, daß aus irgend einem Grunde die Handlung des Täters nicht widerrechtlich gewesen sei.

Ein Verschulden des Aufsichtsbedürftigen ist so wenig nötig wie ein Verschulden des Bestellten.[2]) Das ist hier besonders einleuchtend: zu den Gründen, die schon zu § 831 angeführt wurden (s. oben § 14 I),

[1]) Doch sei darauf hingewiesen, daß eine andre Auslegung auch dann nicht möglich wäre, wenn sie (wie die entsprechenden Worte in § 831²) nicht gestrichen worden wären.

[2]) Es sei auf das in § 14 I genannte Urteil des Reichsgerichts verwiesen; speziell für § 832 wird das ausgesprochen in einer Entscheidung in der jur. Zeitschrift für Elsaß-Lothringen 1902 S. 544 (zitiert bei Scherer, Das dritte Jahr des BGB. 1903 S. 286).

kommt noch die Erwägung, daß hier ein Verschulden des Täters sehr häufig juristisch völlig unmöglich ist (§§ 827, 828!). Wir haben es also gleichfalls nur mit zeitweiliger Zurechnung fremden Verschuldens zu tun.

Endlich wird auch hier vorausgesetzt, daß ein Dritter verletzt worden ist. Hat der Aufsichtsbedürftige infolge der mangelhaften Aufsicht sich selbst einen Schaden zugefügt, so kann Ersatz nicht nach § 832 verlangt werden, wohl aber möglicherweise auf Grund andrer Rechtstitel: auf Grund des Vertrages (z. B. gegen die Kinderwärterin, gegen den Irrenarzt) oder nach den Vorschriften, die eine Ersatzfolge an die Verletzung der Aufsichtspflicht knüpfen (§§ 1664, 1833), oder endlich gar gemäß § 823.

§ 18. 2. Die gesetzlich vermuteten Voraussetzungen der Zurechnung.

Ebenso wie der Geschäftsherr wird auch der Aufsichtspflichtige gegenüber andern Beklagten vom Gesetzgeber dadurch ungünstiger gestellt, daß das Vorhandensein eines sehr wesentlichen Teils des Klagefundamentes, für das sonst den Kläger die Beweislast trifft, präsumiert wird: des Verschuldens und des Kausalzusammenhanges zwischen diesem und der Schädigung. Ueber die zweite Vermutung ist nichts besondres zu sagen; wir haben nur die erste näher zu betrachten.

I. Will der Aufsichtspflichtige den Entlastungsbeweis mit Aussicht auf Erfolg führen, so muß er „seiner Aufsichtspflicht genügt“ haben. In betracht kommt dabei vor allem der Umfang der Aufsichtspflicht, der alle nur erdenklichen Variationen zuläßt. Er gestaltet sich „in hohem Grade verschieden, je nach dem Alter, den Anlagen und Eigenschaften, der Entwicklung und Ausbildung, kurz der Individualität des Aufsichtsbedürftigen“ (Reichsgericht);[1]) allgemeines läßt sich darüber unmöglich sagen. Aber auch die Art des die Aufsichtspflicht begründenden Verhältnisses ist sehr maßgebend; es liegt auf der Hand, daß man da, wo zum juristischen Band noch das natürliche kommt, — namentlich also an die Eltern — besondre Anforderungen stellen muß, daß es bei ihnen im Zweifel als Verletzung ihrer Pflicht aufzufassen ist, wenn sie das körperlich oder geistig noch nicht voll entwickelte und selbständige Kind nicht in ihrem Haus, unter ihren Augen aufwachsen lassen, während man das vom Vormund nicht verlangen kann; und andres mehr. Auch hier kommt alles auf die Würdigung des einzelnen Falles an. Ohne Bedeutung ist dagegen die Person des Aufsichtspflichtigen, soweit er nicht geradezu unzurechnungsfähig ist; insbesondre darf man nicht etwa glauben, daß die Eltern nur für die Sorgfalt einzustehen hätten, die sie in eignen Angelegenheiten anzuwenden pflegen, da sich die §§ 1664, 1686 nur auf ihr Verhältnis zu dem Kinde, nicht zu Dritten in Sachen des Kindes beziehen.

[1]) RG. Bd. 52 (N. F. Bd. 2) S. 73.

Ob der Aufsichtspflicht in concreto genügt ist oder nicht, hat der Richter, dessen freies Ermessen hier eine sehr große Rolle spielt, nach der vernünftigen Verkehrsanschauung zu entscheiden. Wir wollen auch hier einen Ueberblick über die bisherigen Ergebnisse der Rechtsprechung der Obergerichte geben, der deutschen sowohl wie der schweizer und der französischen.

Grundlegend für die wichtigste Art der Aufsichtspflicht, die elterliche, ist die Entscheidung des Reichsgerichts in RG. Bd. 50 S. 62ff. (= Seuff. Archiv Bd. 58 S. 64ff.): „Die Eltern haben nicht dafür einzustehen, daß die Erziehung und Beaufsichtigung des Kindes auch einen günstigen Erfolg herbeigeführt habe, sondern nur dafür, daß sie das Kind tatsächlich genügend beaufsichtigt haben.[1]) Sie sind nicht verpflichtet, das Spiel ihrer Kinder ständig zu beaufsichtigen (S. 63). Es muß geprüft werden, was unter den vorliegenden Umständen verständige Eltern nach den vernünftigerweise an sie zu stellenden Anforderungen zur Erfüllung ihrer Aufsichtspflicht hätten tun, namentlich, ob und inwieweit sie ihren Sohn darüber hätten belehren müssen, wie er mit seinem Spielzeuge umzugehen habe, und ob ihnen eine Verpflichtung zur Belehrung auch oblag, wenn sie von dem Vorhandensein des Flitzbogens [mit dem im konkreten Fall der Schaden angerichtet worden war] keine Kenntnis oder keinen Grund zu der Annahme hatten, daß ihr Sohn mit demselben Schaden anstiften werde. Dabei wird zu beachten sein, daß nicht jedes Spielzeug als ein gefährliches angesehen werden kann, durch welches unter besonders unglücklichen Verhältnissen einem andern Menschen eine erhebliche Körperverletzung zugefügt werden kann" (S. 65).[2]) Ueberhaupt ist maßgebend, ob und in welchem Umfang der Aufsichtspflichtige von gefährdenden Umständen Kenntnis hatte oder sich Kenntnis verschaffen konnte, und ob er eine Vorsorge getroffen hatte, die er nach der Kenntnis, die er erlangen konnte, gemäß menschlicher Voraussicht und gemeiner Erfahrung für ausreichend halten durfte (Reichsgericht).[3])

Doch muß er auch wirklich zureichende Vorsorge treffen: Unter Umständen genügt zur Erfüllung der ihm obliegenden Aufsichtspflicht das bloße Verbot einer Handlung nicht, sondern es sind Vorkehrungen nötig, die die Beachtung des Verbots gewährleisten; so bei Tanzbelustigungen der Gestellungspflichtigen, wenn der Sohn ein Verhältnis hat (OLG. Colmar).[4]) Verletzt der zu Beaufsichtigende mit einem in seinem Besitz befindlichen Teschin einen andern durch einen Schuß, so ist von dem Aufsichtspflichtigen der Nachweis zu verlangen, daß er

---

[1]) Dieser Satz wird von jeder Art der Aufsichtspflicht — nicht bloß von der der Eltern — gelten.

[2]) Von Staub in der deutschen Juristenzeitung 1902 S. 427 als „goldene Worte" gefeiert; vgl. auch Haake, deutsche Juristenzeitung 1903 S. 145. Das Reichsgericht hat damit ein Urteil des OLGs Stettin aufgehoben, das in der Rechtsprechung der Oberlandesgerichte Bd. 3 S. 23 abgedruckt ist.

[3]) RG Bd. 52 (N. F. Bd. 2) S. 75.

[4]) Zur Zeitschrift für Elsaß-Lothringen 1902 S. 16, zitiert bei Scherer, Das dritte Jahr des BGB. 1903 S. 283.

jenem das Teschin weggenommen oder für dessen Verschluß gesorgt hat; es genügt nicht, daß er das Schießen nur untersagte und die Wegnahme des Teschins nur androhte (OLG. Naumburg).[1] Er hätte tatkräftige Vorkehrungen treffen müssen, um den Minderjährigen von der Uebertretung des Verbotes abzuhalten (OLG. Colmar).[2] Namentlich wenn er sieht, daß dieser schießt, — mag sichs auch um eine verhältnismäßig harmlose Waffe handeln, und mag auch der Aufsichtsbedürftige schon 14 Jahre alt sein — darf ers nicht mit bloßen Ermahnungen zur Vorsicht genug sein lassen, sondern er darf das Schießen gar nicht dulden (OLG. Dresden).[3] Er muß bei der Erteilung der Erlaubnis zur Führung einer Schußwaffe überhaupt sehr vorsichtig sein: er wird sie selbst da, wo keine polizeilichen Vorschriften bestehen, die sie unselbständigen und insbesondre minderjährigen Personen verbieten, einem Minderjährigen nur dann gewähren können, wenn er sich von dessen Besonnenheit, Geschick und Verständnis überzeugt hat, oder wenn er in der Lage ist, den Gebrauch selbständig überwachen zu können (Reichsgericht).[4]

Daß aber eine genügende Beaufsichtigung gerade hinsichtlich der schädigenden Handlung stattgefunden habe, ist nicht notwendig; vielmehr ist die Haftung dann ausgeschlossen, wenn der Aufsichtspflichtige im allgemeinen die zur Beaufsichtigung erforderlichen Maßnahmen getroffen hat. So hat ein Geschäftsreisender, der infolge seiner Berufstätigkeit vielfach außer dem Haus ist, durchaus zweckentsprechend gehandelt, wenn er nach dem Tode seiner Frau mit seinem neunjährigen Knaben zu einer Tante zog, diese mit der Aufsicht über das Kind betraute und zu deren Unterstützung das Dienstmädchen anwies, mit auf den Knaben zu achten (OLG. Kiel).[5] Noch um einen Schritt weiter ging das Obergericht Zürich, das die Verantwortlichkeit des Vaters[6] für eine Verletzung, die sein Sohn durch Bogenschießen einem Dritten zugefügt hatte, schon deshalb verneinte, weil der Vater während des ganzen Tages außerhalb des Hauses in seinem Beruf als Kupferschmied arbeite und von dem Vorhandensein des Bogens bis zu dem Unfall

---

[1]) Recht 1902 S. 243.

[2]) Recht 1902 S. 236.

[3]) Sächs. Archiv für bürgerliches Recht und Prozeß Bd. 12 S. 55; bestätigt vom Reichsgericht, ebenda S. 208. Die Schlußworte dürften zu streng sein; dasselbe gilt von einem Urteil des Obergerichts Zürich in der Revue der Gerichtspraxis im Gebiet des Bundescivilgerichtes, Beilage zur Zeitschrift für Schweizerisches Recht N. F. Bd. 4 S. 94: Die Ueberlassung eines Bogens, durch den hölzerne Stäbchen mit bedeutender Kraft fortgeschleudert werden könnten, an einen neunjährigen Knaben enthalte eine Verletzung des üblichen und durch die Umstände gebotnen Maßes von Sorgfalt.

[4]) RG. Bd. 52 (N. F. Bd. 2) S. 75. Viel strenger das Obergericht Zürich, das die Erlaubnis zur Beteiligung an einem Fastnachtschießen schlechthin als mangelhafte Aufsicht erklärte; viel milder dagegen die Obergerichte St. Gallen und Basel-Stadt; mitgeteilt bei Schneider S. 169.

[5]) Rechtsprechung der Oberlandesgerichte Bd. 2 S. 458.

[6]) Es handelte sich in dem konkreten Fall um den „Pflegevater“, d. h. im Sinn des bürgerlichen Gesetzbuchs um den Adoptivvater, so daß wir die Entscheidung sehr wohl verwerten dürfen.

keine Kenntnis gehabt habe.[1]) Ebenso das bei Sirey Nr. 39 mitgeteilte französische Urteil: Die Mutter allein ist verantwortlich für das Tun der minderjährigen Kinder, wenn der Vater, der eine Reise unternahm, diese unter ihrer Obhut und Aufsicht zurückgelassen hat; auffallend weit geht die Entscheidung Nr. 30: Der Vater könne, wenn nicht besondre Umstände vorlägen, für den durch sein minderjähriges Kind verursachten Schaden nicht in Anspruch genommen werden, falls er im Augenblick der Schädigung abwesend gewesen sei.[2]) Um so weniger ist er natürlich haftbar, wenn seine Abwesenheit durch obrigkeitlichen Zwang bedingt ist; wenn er sich z. B. in Untersuchungshaft befindet (Obergericht Basel-Stadt).[3]) — Früher scheint man mehr verlangt zu haben: Das badische Oberhofgericht[4]) verurteilte einen Vater, dessen 14 jähriger Sohn trotz einer Warnung mit einer geladnen Flinte gespielt und dabei jemanden verwundet hatte, obwohl der Vater geltend machte, er sei an dem betreffenden Tage nicht daheim gewesen und habe außerdem davon, daß die Flinte im Haus sei, keine Kenntnis gehabt, vielmehr sei ihm deren Besitz von seinem ältern Sohn verheimlicht worden.

Bei der Entscheidung der Frage, inwieweit eine Aufsicht außerhalb des Hauses geübt werden muß, ist davon auszugehen, daß bei einem gutgearteten, normalen ältern Kind eine spezielle Ueberwachung auf Schritt und Tritt nicht mehr stattzufinden hat (Obergericht Basel-Stadt).[5]) So trifft die Eltern ein Vorwurf dafür nicht, daß sie ihre Kinder den Weg von der Schule nach Haus allein oder mit andern Schulkindern zusammen machen oder in der kurzen Zwischenzeit zwischen der Vormittagsschule und dem Mittagessen sich ohne Aufsicht auf der Straße herumtummeln lassen (Obergericht Zürich).[6]) Jedenfalls ist die Verantwortlichkeit der Eltern während der Zeit aufgehoben, während deren sich das Kind unter der Aufsicht des Schullehrers befindet (Obergericht Genf)[7]) oder in einem ordentlichen Erziehungsinstitut als Interner untergebracht ist[8]) oder der Militärpflicht genügt; eine Ausnahme für den letzten Fall hat aber die französische Praxis dann gemacht, wenn der Vater des Aufsichtsbedürftigen Offizier (Oberst) des Regiments ist, in dem sein Sohn steht.[9])

Die Aufsicht muß sich zweifellos auch auf die sittliche Führung

[1]) Revue der Gerichtspraxis im Gebiete des Bundescivilgerichtes, Beilage zur Zeitschrift für Schweizerisches Recht N. F. Bd. 4 S. 94.

[2]) S. dagegen die Entscheidung des Appellhofs Dijon bei Weinrich S. 91 Anm. 5 und die Urteile bei Sirey Nr. 33 und 34: Die Verantwortlichkeit des Vaters wird nicht notwendig dadurch allein aufgehoben, daß er infolge einer tötlichen Krankheit im Augenblick der Schadenstiftung nicht im Stande war, das Kind zu überwachen; auch nicht dadurch allein, daß das Kind in diesem Moment fern vom Vater weilte, sich z. B. im Dienst eines Andern befand.

[3]) Schneider S. 168.

[4]) Seufferts Archiv Bd. 7 Nr. 318.

[5]) Schneider S. 169.

[6]) Schneider S. 168.

[7]) Schneider S. 169.

[8]) Sirey Nr. 41.

[9]) Sirey Nr. 45.

erstrecken; aber gerade in dieser Hinsicht wird man keine großen Anforderungen stellen können, um so weniger, je näher der formell Aufsichtsbedürftige der Volljährigkeit ist. Denn wir haben mit den tatsächlichen Verhältnissen zu rechnen, die eine genaue derartige Beaufsichtigung in den allermeisten Fällen als unmöglich erscheinen lassen. Einen andern Standpunkt hat freilich das OLG. Karlsruhe eingenommen,[1]) das nach badischem Landrecht Satz 1384 einen Vater dafür haftbar machte, daß sein gutbeleumundeter 20jähriger Sohn bei Vornahme unzüchtiger Handlungen an einem kleinen Mädchen eine Geschlechtskrankheit auf dieses übertrug, obwohl der Vater, wie ausdrücklich festgestellt war, keine Ahnung davon hatte, daß sein Sohn mit Tripper behaftet sei; schon der Einsender dieser Entscheidung hat sie als unberechtigt bezeichnet. Richtig dagegen das Obergericht Basel-Stadt[2]) für einen ganz ähnlichen Fall: Die Aufsicht über einen 20jährigen Menschen kann sich in sittlicher Beziehung nur auf eine Lebensweise von gewisser Regelmäßigkeit und auf möglichste Vermeidung von Exzessen beziehen.

Aehnliche Grundsätze wie für die Aufsicht über Minderjährige gelten auch hinsichtlich der Aufsicht über entmündigte Volljährige, wobei alles ankommt auf die Art der Aufsichtsbedürftigkeit und auf die Größe des Defekts, der sie begründet. Für die wichtigste derartige Aufsichtspflicht, die über Geisteskranke, liegt ein innerhalb des preußischen Rechts ergangnes Urteil des Reichsgerichts vor:[3]) Der Ehemann haftet nicht für die Brandstiftung seiner geisteskranken Frau, die nicht in einer Anstalt untergebracht war, wenn er nicht erkennen konnte, daß dies nötig sei, und wenn er die Aufsicht durch eine andre Person (seinen Schwager) ausüben ließ. Auch sei auf die Bemerkungen eines Psychiaters zu § 832 hingewiesen,[4]) der in sehr pessimistischer Weise voraussagt, wenn von dieser Bestimmung ein zu ausgedehnter Gebrauch gemacht werde, würden alle Fortschritte, die die Irrenpflege in den letzten Jahrzehnten gemacht habe, mit einem Schlag vernichtet werden.

II. Wenn Mehrere über dieselbe Person aufsichtspflichtig sind, können sich Schwierigkeiten ergeben. Wir müssen zwei Fälle unterscheiden: Die Mitaufsicht von Vater und Mutter und die von Mitvormündern (§ 1797). Denn im ersten Fall nimmt der Vater die überwiegende Stellung ein; bei Meinungsverschiedenheiten geht seine Ansicht vor, so daß der Mutter nur beratende Stimme zukommt. Folglich hat sie ihrer Aufsichtspflicht genügt, wenn sie sich einer Handlung oder Anordnung des in letzter Linie zur Entscheidung Berufnen ernstlich und unter Darlegung ihrer Gründe widersetzt; besteht dieser gleichwohl

---

[1]) Puchelts Zeitschrift für franz. Civilrecht Bd. 24 S. 443 ff.
[2]) Schneider S. 169.
[3]) Bolze Bd. 6 S. 104 f.
[4]) Ernst Schultze, Psychiatrische Bemerkungen zum BGB. Archiv f. bürgerliches Recht Bd. 17 S. 99—106.

auf seinem Willen, und führt das zu einer Verletzung der Aufsichtspflicht, infolge deren ein Dritter beschädigt wird, so ist die Mutter haftfrei. Im zweiten Fall haben dagegen die Mitaufsichtspflichtigen gleichen Rang; bei Meinungsverschiedenheiten entscheidet — wenigstens regelmäßig — das Vormundschaftsgericht. Deshalb hat der eine Vormund seine Pflicht jedenfalls dann erfüllt, wenn er dessen Ausspruch gegen eine Maßnahme des andern anruft. Doch wird man billigerweise noch weiter gehen müssen: wenn z. B. der eine Vormund trotz des Widerspruchs des andern dem Mündel ein Gewehr kauft, der damit Schaden anrichtet, bevor noch die sofort abgeschickte Beschwerde des Mitvormunds beim Vormundschaftsgericht einläuft, ist dieser doch für genügend entlastet zu erachten.

FSC
www.fsc.org
MIX
Papier | Fördert
gute Waldnutzung
FSC® C083411

Kolibri 360 GmbH
Ferdinand-Jühlke-Straße 7
99095 Erfurt, Deutschland
produktsicherheit@kolibri360.de